首都圏版㉜ 使いやすい！教えやすい！家庭学習に最適の問題集！

東京学芸大学附属 世田谷小学校

2021 年度版

過去問題集

<問題集の効果的な使い方>

①お子さまの学習を始める前に、まずは保護者の方が「入試問題」の傾向や、どの程度難しいか把握します。もちろん、すべての「学習のポイント」にも目を通してください
②各分野の学習を先に行い、基礎学力を養いましょう！
③「力が付いてきたら」と思ったら「過去問題」にチャレンジ！
④お子さまの得意・苦手がわかったら、その分野の学習をすすめ、全体的なレベルアップを図りましょう！

合格のための問題集

東京学芸大学附属世田谷小学校

記憶	お話の記憶問題集　初級編・中級編
模写	Ｊｒ・ウォッチャー51「運筆①」52「運筆②」
常識	Ｊｒ・ウォッチャー27「理科」55「理科②」
常識	Ｊｒ・ウォッチャー56「マナーとルール」
口頭試問	新口頭試問・個別テスト問題集

全40問

昨年度実施の過去問題 ＋ それ以前の特徴的な問題 を収録!!

日本学習図書 ニチガク

こんなこと…ありませんか？

「ニチガクの問題集…買ったはいいけど、、、
この問題の教え方がわからない（汗）」

メールでお悩み解決します！

- ☆ホームページ内の専用フォームで必要事項を入力！
- ☆教え方に困っているニチガクの問題を教えてください！
- ☆確認終了後、具体的な指導方法をメールでご返信！
- ☆全国どこでも！スマホでも！ぜひご活用ください！

<質問回答例>

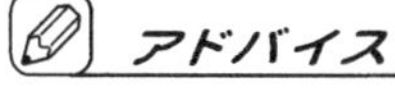

アドバイス

推理分野の学習では、後の学習に活きる思考力を養うことができます。ご家庭で指導する場合にも、テクニックにたよらず、保護者の方が先に基本的な考え方を理解した上で、お子さまによく考えさせることを大切にして指導してください。

Q.「お子さまによく考えさせることを大切にして指導してください」と学習のポイントにありますが、考える習慣をつけさせるためには、具体的にどのようにしたらいいですか？

A. お子さまが考える時間を持てるように、質問の仕方と、タイミングに工夫をしてみてください。
たとえば、「答えはあっているけど、どうやってその答えを見つけたの」「答えは○○なんだけど、どうしてだと思う？」という感じです。
はじめのうちは、「必ず30秒考えてから手を動かす」などのルールを決める方法もおすすめです。

まずは、ホームページへアクセスしてください!!

https://www.nichigaku.jp　日本学習図書　検索

家庭学習ガイド
東京学芸大学附属世田谷小学校

ペーパー

巧緻性

口頭試問

行動観察

運　動

入試情報

応募者数：男子619名／女子556名
出題形態：ペーパー・ノンペーパー
面　　接：なし（口頭試問、保護者アンケートあり）
出題領域：ペーパー（お話の記憶・図形・模写 など）、
行動観察、巧緻性、運動、口頭試問

入試対策

本年度の巧緻性の問題は、例年の輪郭をなぞる運筆ではなく、「模写」へと変更されました。とはいえ、全体の流れや出題傾向に大きな変更はありません。そのため、どの問題も対策が取りやすく、志願者全体の平均点が高くなる傾向にあります。１つでも間違えると合格が難しくなると思いましょう。簡単に思える問題でも１つひとつミスがないように集中して取り組むことが大切です。

入試の流れは以下の通りです。まず、受付を済ますと、控え室に入り、志願者のみ別室へ移動します。その後、グループとなって試験会場へ移動します。試験会場となる教室は、前方に机、椅子が並べられており、後方に行動観察用のマットが敷かれていました。試験時間は、全体で90分程度です。ペーパーテスト終了後、マットへ移動し「巧緻性」や「模倣体操」などが実施されました。次に、パターンブロックを使用した「行動観察」があり、その課題中に、受験番号を呼ばれた志願者から「口頭試問」が順番に実施されました。口頭試問は、先生の前に志願者が１人で立って答えるという形式でした。

●全体を通して10～20名のグループで実施されますが、行動観察ではさらに５名ほどの少人数グループに分かれました。初めて会うお友だちと協力して取り組む姿勢が求められます。

●道徳や公共のマナーに関する問題が毎年出題されています。体験を通して身に付けておくことが大切です。

必要とされる力 ベスト6

チャートで早わかり！

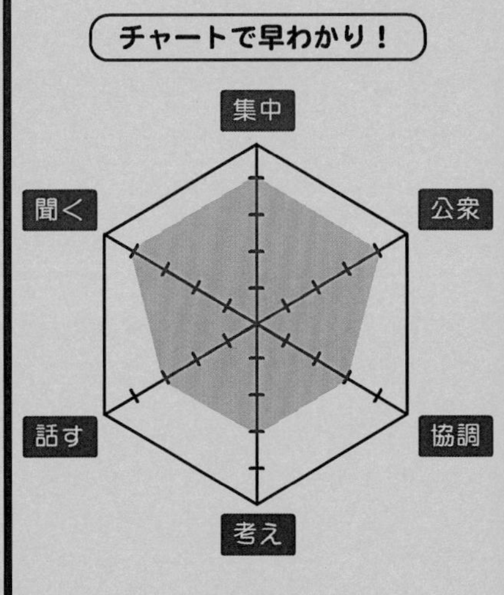

特に求められた力を集計し、左図にまとめました。
下図は各アイコンの説明です。

	アイコンの説明
集中	集　中　力…他のことに惑わされず１つのことに注意を向けて取り組む力
観察	観　察　力…２つのものの違いや詳細な部分に気付く力
聞く	聞　く　力…複雑な指示や長いお話を理解する力
考え	考える力…「～だから～だ」という思考ができる力
話す	話　す　力…自分の意志を伝え、人の意図を理解する力
語彙	語　彙　力…年齢相応の言葉を知っている力
創造	創　造　力…表現する力
公衆	公衆道徳…公衆場面におけるマナー、生活知識
知識	知　　識…動植物、季節、一般常識の知識
協調	協　調　性…集団行動の中で、積極的かつ他人を思いやって行動する力

※各「力」の詳しい学習方法などは、ホームページに掲載してありますのでご覧ください。http://www.nichigaku.jp

「東京学芸大学附属世田谷小学校」について

〈合格のためのアドバイス〉

かならず
読んでね。

当校は、４校ある東京学芸大学附属小学校の中で、最も狭い学区ですが、応募者は毎年1000名を超える人気校です。

「学び続ける共同体としての学校の創造」という研究課題を掲げています。その教育内容には、日常生活の中でうまれる疑問を知的好奇心へとつなげ、自ら積極的に学ぼうとする子どもを育て、学力を伸ばすという狙いがあります。

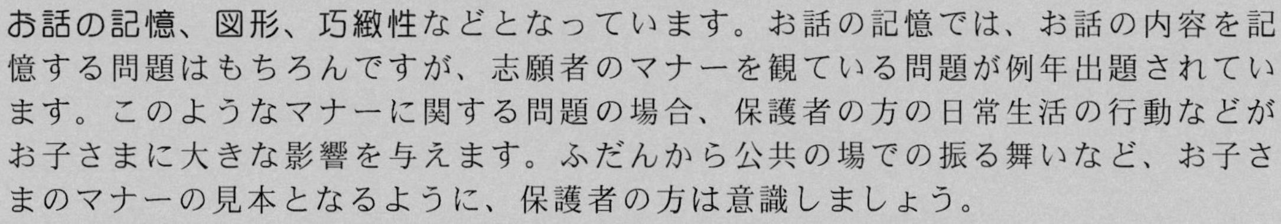

入学考査は、ペーパーテスト、運動テスト、行動観察、口頭試問が行われました。例年と大きな変化はありません。ペーパーテストは、サインペン（赤）を使用して実施されました。出題分野は、お話の記憶、図形、巧緻性などとなっています。お話の記憶では、お話の内容を記憶する問題はもちろんですが、志願者のマナーを観ている問題が例年出題されています。このようなマナーに関する問題の場合、保護者の方の日常生活の行動などがお子さまに大きな影響を与えます。ふだんから公共の場での振る舞いなど、お子さまのマナーの見本となるように、保護者の方は意識しましょう。

口頭試問では、志願者の名前や今日の朝食などの質問だけでなく、試験官が表情の絵を指さしてどのような時にこの表情をしましたか、と志願者の経験を聞いてくるものもありました。志願者自身のこと、経験したことは自分の言葉で伝えられるようにしておきましょう。過去には絵を見てどのように思うか、数の暗唱といった出題もされています。

以上のことから、当校の試験では年齢相応の経験をしているかどうかが観点になっていると言えるでしょう。志願者の周囲で起きた出来事や参加したイベントなどがあれば、その都度、詳しく聞いてあげて、人に伝える力を志願者に付けさせましょう。

また、志願者の考査中に、保護者の方にはアンケートの記入が実施されました。約20分と短めに設定されていますが、2020年度から選択式の問題がほとんどで、記述式の質問が１問だけと変更になりました。以前よりは時間に余裕を持って記入できるでしょう。下書きの持参も許されているので、保護者の方はご家庭の教育観などについて、考えをまとめておきましょう。

〈2020年度選考〉

- ●ペーパーテスト（集団）
- ●巧緻性（集団）
- ●運動（集団）
- ●行動観察（集団）
- ●口頭試問（個別）
- ●アンケート（約20分／Ａ４用紙１枚）

◇過去の応募状況

2020年度　男子619名　女子556名
2019年度　男子560名　女子541名
2018年度　男子633名　女子505名

〈保護者アンケート〉 ※詳細は問題９をご覧ください

①ご両親はお子さまの遊びに付き合う方ですか。
②お子さまには小学校でどのように学んでほしいですか
③お子さまはどのように遊ぶタイプだと感じますか。
④健康や発達状態をのぞいて、お子さまのことで心配なことはありますか。
⑤子育てについて相談できる相手を教えてください。
⑥子どもがうそをついた時、どう対応しますか。
⑦小学校に期待していること、これだけは避けてほしいことなどありますか。

東京学芸大学附属
世田谷小学校

過去問題集

〈はじめに〉

現在、少子化が叫ばれているにもかかわらず、私立・国立小学校の入学試験には一定の応募者があります。入試は、ただやみくもに学習するだけでは成果を得ることはできません。志望校の過去における出題傾向を研究・把握した上で、練習を進めていくこと、その上で試験までに志願者の不得意分野を克服していくことが必須条件です。そこで、本問題集は小学校を受験される方々に、志望校の出題傾向をより詳しく知って頂くために、過去に遡り出題頻度の高い問題を結集いたしました。最新のデータを含む精選された過去問題集で実力をお付けください。

また、志望校の選択には弊社発行の「2021年度版　首都圏・東日本　国立・私立小学校　進学のてびき」をぜひ参考になさってください。

〈本書ご使用方法〉

◆出題者は出題前に一度問題を通読し、出題内容などを把握した上で、〈 準 備 〉の欄に表記してあるものを用意してから始めてください。
◆お子さまに絵の頁を渡し、出題者が問題文を読む形式で出題してください。問題を読んだ後に、絵の頁を渡す問題もありますのでご注意ください。
◆「分野」は、問題の分野を表しています。弊社の問題集の分野に対応していますので、復習の際の目安にお役立てください。
◆問題番号右端のアイコンは、各問題に必要な力を表しています。詳しくは、アドバイス頁（ピンク色の１枚目下部）をご覧ください。
◆一部の描画や工作、常識等の問題については、解答が省略されているものがあります。お子さまの答えが成り立つか、出題者が各自でご判断ください。
◆〈 時 間 〉につきましては、目安とお考えください。
◆解答右端の［〇年度］は、問題の出題年度です。［2020年度］は、「2019年の秋から冬にかけて行われた2020年度入学志望者向けの考査で出題された問題」という意味です。
◆学習のポイントは、指導の際にご参考にしてください。
◆【おすすめ問題集】は各問題の基礎力養成や実力アップにご使用ください。

〈本書ご使用にあたっての注意点〉

◆文中に **この問題の絵は縦に使用してください。** と記載してある問題の絵は縦にしてお使いください。
◆〈 準 備 〉の欄で、クレヨンと表記してある場合は12色程度のものを、画用紙と表記してある場合は白い画用紙をご用意ください。
◆文中に **この問題の絵はありません。** と記載してある問題には絵の頁がありませんので、ご注意ください。なお、問題の絵の右上にある番号が連番でなくても、中央下の頁番号が連番の場合は落丁ではありません。
下記一覧表の●が付いている問題は絵がありません。

問題１	問題２	問題３	問題４	問題５	問題６	問題７	問題８	問題９	問題10
			●	●	●	●		●	
問題11	問題12	問題13	問題14	問題15	問題16	問題17	問題18	問題19	問題20
問題21	問題22	問題23	問題24	問題25	問題26	問題27	問題28	問題29	問題30
	●				●				
問題31	問題32	問題33	問題34	問題35	問題36	問題37	問題38	問題39	問題40
●	●			●		●			

㊢ 先輩ママたちの声！

◆実際に受験をされた方からのアドバイスです。
ぜひ参考にしてください。

東京学芸大学附属世田谷小学校

・学校説明会では、校内見学をすることはできないので、学園祭に参加するとよいです。在校生や保護者の様子がわかります。

・「当日は普段着」との指定がありましたが、ほとんどのお子さまがそれなりにきちんとした格好をしていました。何人かはラフな格好をしていましたが、目立ってしまうので、「子どもにとってはプレッシャーになるのではないかな」と思いました。

・待ち時間は寒いので、防寒対策が必要です。

・荷物置き場がなかったので、親子両方の上着を入れる袋を持っていった方がいいと思います。

・過去問題を通して、試験内容の傾向をつかんでおくことが大切だと思います。

・口頭試問と行動観察を重点的に観ているように感じました。行動観察では、先生が子どもの目線までしっかりと観ていたようです。

・待ち時間が長いので、本などを用意した方がよいと思います。

・過去問題集で学習していたので、見慣れた問題が多く、楽しく取り組めたようです。

・アンケートの記入時間は20分程でかなり短いです。下書きの持参と、鉛筆よりシャープペンシルでの記入をおすすめします。

・受験を通して、子どもと話す機会が増えました。子どもの生活態度もよくなりました。子ども自身も知識を身に付けることで自信が付いたようです。

・子どもだけでなく、親の体調管理も重要だと思います。私立と国立の両方の受験となると長丁場になるため、スケジュールの管理が重要だと思いました。

◎学習効果を上げるため、前掲の「家庭学習ガイド」及び「合格のためのアドバイス」をお読みになり、各校が実施する入試の出題傾向を、よく把握した上で問題に取り組んでください。
※冒頭の「本書ご使用方法」「ご使用にあたっての注意点」も併せてご覧ください。

2020年度の最新問題

問題1 分野：お話の記憶

聞く 知識 公衆

〈準備〉 サインペン（赤）

〈問題〉 お話をよく聞いて、後の質問に答えてください。
今日はクマくん、ウサギさん、キツネくん、リスさんたちが海に行く日です。「いい天気になってよかったね」とクマくんが言ったとおり、雲一つないよいお天気です。「暑いと思って、うちわを持ってきたわ」とウサギさんが言うので、キツネくんは「僕も持ってくればよかったな」と思いました。お話をしていると赤い電車がやってきました。電車に乗ると、リスさんが「誰もいないね！」と言ったように、４人以外は誰もこの車両にいませんでした。クマくんが「誰もいないなら、大きな声出せるね」と言うと、ウサギさんは「違う車両から人がくるかもしれないし、座席に座ろうよ」と言いました。「でもせっかくだし、ジャンプして遊ぼうよ」とキツネくんが言うと、リスさんは「とりあえずみんなでお菓子食べない？」と言いました。まもなくすると電車が海から１番近い駅に着きました。みんなは電車を降りて、海へ行きました。さあ、海水浴です。みんなは海へ入りましたが、リスさんだけはなかなか海へ入ろうとしません。キツネくんが「どうしたの？」と聞くと「実はわたし泳げないの」と言いました。「じゃあこのドーナツみたいなの貸してあげるよ」とクマくんが渡してくれたので、リスさんも海へ入ることができました。「それにしても、ドーナツみたいなものって、本当クマくんは食いしん坊なのね」とウサギさんが言ったので、みんな大笑いしました。そうこうしていると、もう帰る時間になりました。たくさん遊んだのでみんなは疲れました。キツネくんが「駅までバスに乗らない？」と言ったので、そうすることに決めました。バス停でバスを待っていると、次に来るバスがみんなの家の近くまで走るそうです。「そうしたら、帰りはバスで帰りましょう」とウサギさんが言ったので、バスで帰りました。

①電車に乗った時、正しいことを言ったのは誰ですか。○をつけてください。
②お話の中で言っていた「ドーナツみたいなもの」とは何ですか。○をつけてください。
③４人は何に乗って帰りましたか。○をつけてください。
④海に棲んでいる生きものに○をつけてください。

〈時間〉 各15秒

〈解答〉 ①左から２番目 ②右端 ③左から２番目 ④右端

［2020年度出題］

学習のポイント

このお話の記憶の問題で扱われているお話は700字程度と小学校受験では短いものです。しかしただ短いだけではなく、登場人物のセリフから正しいものを選ぶという設問があります。この設問こそが当校のお話の記憶の特徴です。お話の中でしっかりとセリフを聞き取ることが大切になってきます。短くても集中してお話を聞くようにしましょう。セリフは例年、マナーに関することが出題されているので、お子さまが問題を解けなかった場合、人の話が聞けない、マナーについての理解が乏しいという印象を与えるかもしれません。保護者の方はお子さまのマナーの見本となるように日常生活を意識して過ごしてみましょう。当校の特徴を掴むためには、過去問題を繰り返し行ってください。そうすれば、登場人物のセリフにそれぞれ違う考え方があることに気付き、ここが出題される可能性が高いということがわかるようになってきます。

【おすすめ問題集】

1話5分の読み聞かせお話集①・②、お話の記憶 初級編・中級編・上級編、
Ｊｒ・ウォッチャー19「お話の記憶」、34「季節」、56「マナーとルール」

問題2　分野：巧緻性（模写）　集中

〈準　備〉　サインペン（赤）

〈問　題〉　左の絵と同じように、右の四角に描いてください。「●」のところから描き始めてください。

〈時　間〉　1分

〈解　答〉　省略

［2020年度出題］

学習のポイント

当校では巧緻性の問題は例年出題されています。ただ、2019年度までは線に当たらないように2本線の間をなぞる問題が出題されていましたが、2020年度は、模写へと変更になりました。作業内容は変わりましたが、運筆・模写は必修分野と言えるでしょう。筆記用具がサインペンのため、使い慣れていないと力んでしまって解答用紙がにじんでしまったり、書く力が弱く、かすんでしまうということがあるでしょう。普段の学習において、注意をしながら取り組んでください。また、今回はスマイルを描く問題で、描きはじめを指定されています。その指示を聞いていないと、自分の描きやすいところから描きはじめるミスをします。保護者の方は絵の出来映えばかりを気にするのではなく、このような小さな指示を守れているかも注意して見てください。

【おすすめ問題集】

Ｊｒ・ウォッチャー51「運筆①」、52「運筆②」

問題3　分野：図形（合成）

集中

〈準備〉　問題3－2の絵に指定の色を塗っておく。問題3－1の絵を線に沿って切り抜き、4枚の片面を赤色、反対側の面を黄色、残りの4枚の片面を青色、反対側の面を緑色で塗っておく。

〈問題〉　（問題3－2のイラストをお手本として見せる）
三角形の色板を使ってお手本と同じ形を作ってください。

〈時間〉　20秒

〈解答〉　省略

［2020年度出題］

学習のポイント

当校では、形を組み合わせるパズルの問題が例年出題されています。見本通りに形を組み合わせるだけでなく、色の指定もありますが、1つひとつ丁寧に取り組んでいけば難しくない問題です。しかし解答時間が20秒しかないので、じっくり取り組んでいる時間はありません。見本を見た時にすぐ「この形とこの形の組み合わせ」とわかるひらめきが必要です。このひらめきを得るためには、日頃の学習でタングラムなど市販の図形パズルを使って形を動かす経験をしておきましょう。ペーパーで学習するよりは、実際に実物を使う方が理解は深まります。お子さまの経験量が増えれば、一目見ただけで形の組み合わせをイメージできる力がついてきます。

【おすすめ問題集】
Ｊｒ・ウォッチャー3「パズル」、9「合成」、54「図形の構成」

問題4　分野：指示行動（巧緻性）

集中

〈準備〉　Ｂ５サイズの青い画用紙１枚、
Ｂ７（Ｂ５の４分の１）サイズのクリアファイル１枚、
Ｂ６（Ｂ５の半分）サイズの白い画用紙１枚

〈問題〉　**この問題の絵はありません。**
青い画用紙を半分に折って、それをさらに半分に折ります（四つ折り）。できたら、それをクリアファイルの中に入れてください。最後にクリアファイルを白い画用紙の中央に置いてください。終わったら両手を膝に置いて静かに待っていてください。

〈時間〉　１分

〈解答〉　省略

［2020年度出題］

例年出題されている生活巧緻性の問題です。お手本を見ることはできますが、説明は1度しかされません。集中して説明を聞き、指示を理解しましょう。クリアファイルは青色の画用紙を四つ折りにした大きさと同じです。そのため画用紙がきちんと折りたためていないと、端がバラバラで、クリアファイルからはみ出してしまいます。簡単な作業だからこそ、丁寧に作業することが大切になってきます。青色の画用紙を入れたファイルを白い画用紙の真ん中に置くという指示が最後にあります。最後の作業になると、どうしても集中力が切れてしまい、雑になってしまうお子さまも多いです。入試ではこのような小さなことが結果に悪影響を及ぼすこともあるので、最後まで集中して取り組めるようにしましょう。

【おすすめ問題集】

Ｊｒ・ウォッチャー25「生活巧緻性」、実践 ゆびさきトレーニング①②③

問題5　分野：運動

集中

〈準 備〉　マット

〈問 題〉　**この問題の絵はありません。**

私（出題者）が今からすることをよく見て、「ハイ」と言ったら、同じことをしてください。（下記を参考にお手本の動作を行う）

①両手を前に出して、グー、パーと手を握って開くのを繰り返しましょう。
②そのまま、両手を上にして、今度は頭の上でグー、パーを２回繰り返しましょう。
③次に、両手を曲げて、胸のところに持ってきてください。その場で右足をケンケンします。その時、１回のケンごとにグー・パーと手も行ってください。終わりましたら、反対の足もやってください。
④③の動作をもう一度行ってください。次は１回目より早くやってみましょう。

〈時 間〉　適宜

〈解 答〉　省略

［2020年度出題］

学習のポイント

先生の手本に合わせて体を動かす「摸倣体操」の課題は、毎年少しずつ内容を変えて出題されています。とはいえ、大きな変化は見られないので、過去問題を解くなどで対策が取れるでしょう。年齢相応の運動能力があれば難しい課題ではありません。ただ、ここでの観点は出来の良し悪しではなく、「指示を聞いているか」「指示通り行っているか」「真面目に取り組んでいるか」「元気よく行っているか」といった、学校での集団生活を行うにあたって、必要なことが観られていると考えてよいでしょう。学校生活を送る中で、指示を正しく理解し、行動に移すことは基本です。そのため、試験の時点でこの基本が身に付いていなければ、学校が求める子ども像から離れているという評価がされるでしょう。

【おすすめ問題集】
新運動テスト問題集、Ｊｒ・ウォッチャー28「運動」

問題6　分野：行動観察

協調

〈準備〉　パターンブロック、帽子（赤、青、黄色の３色）、マット

〈問題〉　**この問題の絵はありません。**
（15人程度で行う。３～５人のグループに分かれ、グループごとに同じ色の帽子をかぶる）
チームのみんなで協力して、ブロックをなるべく高く積んでください。１番高く積めたチームが優勝です。「やめ」と言ったら積むのをやめ、ブロックを片付けましょう。

〈時間〉　約10分

〈解答〉　省略

［2020年度出題］

学習のポイント

３～５人のグループで、ブロックを高く積み上げる課題です。グループの中でお子さまがどのように振る舞うかが観られています。例えば、初めて会うお友だちときちんと話し合って進めているか、積極的に意見を出しているか、ほかのお友だちの意見に耳を傾けているか、協力しながら課題に取り組むことができているか、といったところです。これらの観点で共通しているのは協調性です。協調性を育むためには保護者の方は公園などへ行き、知らないお友だちと仲良くするという機会をお子さまに与えてください。そこではさまざまなできごとが起きると思いますが、保護者の方が介入せずに、子ども同士で解決できるように見守りましょう。お子さまが自分の思い通りに行かなかった時、どうすればよいのか、考えるきっかけになるからです。ただ、その時にお子さまが間違ったことをするのであれば、きちんと指導しましょう。

【おすすめ問題集】
Ｊｒ・ウォッチャー29「行動観察」

問題7　分野：口頭試問

聞く　話す

※問題７と問題８は続けて行う。

〈準 備〉　なし

〈問 題〉　**この問題の絵はありません。**
これからいろいろ質問をしますから、答えてください。
①お名前とお誕生日を教えてください。
②今日はこの学校まで、誰と来ましたか。
③今日の朝ごはんは何でしたか。
④いつも朝ごはんの前には何をしますか。

〈時 間〉　適宜

〈解 答〉　省略

［2020年度出題］

学習のポイント

この課題は行動観察（問題６）と並行に行われ、お子さまは個別に呼ばれます。お子さまの順番になったら、ゼッケンの番号で呼ばれるので、自分が何番なのかをしっかり覚えておかないといけません。呼ばれた後は別室に入り、先生から質問を受けます。さっきまでブロック積みを行っていたお子さまにとって、気持ちを切り替えて答えるのは難しいことかもしれませんが、質問内容自体はそれほど難しいものではありません。ここで観られているのは、お子さまが自分自身のことを自分の言葉で言えるかどうかと、ご家庭の状況などでしょう。ご家庭の状況というのは、お子さまの答えから推測できる、ふだんの生活環境のことです。例えば、③のお子さまの答えが「朝ごはんは食べません」だとすると、朝ごはんを作らない家庭と評価されてしまいます。

【おすすめ問題集】
新口頭試問・個別テスト問題集、面接テスト問題集

問題8　分野：口頭試問

集中

※問題８は問題７と続けて行う。

〈準 備〉　なし

〈問 題〉　（問題８の絵を見せる）
①あなたが遊んでいた積み木をきれいに片付けたら、おうちの人はどんな顔をすると思いますか。この表情だと思うものを指でさしてください。
②１番右端の絵を見てください。あなたはこの表情をしたことがありますか。もし、ある（ない）ならば、どうしてですか。お話ください。

〈時 間〉　適宜

〈解 答〉　省略

［2020年度出題］

学習のポイント

この課題は問題７に引き続いて行われました。特にこれといった対策はありません。お子さまがどう思ったかを答えられればよいでしょう。①の問題は、きれいに片付けたらおうちの方が喜ぶでしょうから、「嬉しい表情」をしている絵に指をさせれば問題はありません。万一、そのときにお子さまが違う表情を指したとしても、ちゃんとした理由を言えれば問題はありません。②の問題も同様です。この年頃のお子さまで、怒った表情をしたことがないというのは考えにくいですが、もしもそう答えたのであれば、それなりの理由をお子さま自身の言葉できちんと言えるようにしておきましょう。

【おすすめ問題集】
新口頭試問・個別テスト問題集、Ｊｒ・ウォッチャー56「マナーとルール」

家庭学習のコツ①　「先輩ママのアドバイス」を読みましょう！

本書冒頭の「先輩ママのアドバイス」には、実際に試験を経験された方の貴重なお話が掲載されています。対策学習への取り組み方だけでなく、試験場の雰囲気や会場での過ごし方、お子さまの健康管理、家庭学習の方法など、さまざまなことがらについてのアドバイスもあります。先輩ママの体験談、アドバイスに学び、ステップアップを図りましょう！

問題9　分野：保護者アンケート

〈準備〉　筆記用具

〈問題〉　**この問題は保護者へのアンケートです。**
（アンケート用紙はＡ４サイズで、志願者の考査中に実施される）
※問題①～⑥までは選択式で、○をつける

①ご両親はお子さまの遊びに付き合う方ですか。
1．いつも一緒にあそぶ
2．時々一緒に遊び、話はよく聞く
3．仕事や用務の状況による
4．もう少し一緒に遊んだり、話したりしたい
5．専門家にまかせて活動させている

②お子さまには小学校でどのように学んで欲しいですか。
1．まんべんなくすべての学力を養ってほしい
2．得意分野を伸ばしてほしい
3．好きなことを深めるタイプになってほしい
4．誰とでもやり合える闊達さを養ってほしい
5．子どもがやりたいようにやってほしい

③お子さまはどのように遊ぶタイプだと感じられますか。
1．自分で独自な工夫をしている
2．１人でよく何かに没頭している
3．数人のお友だちとよく行動している
4．お友だちの中でも、リーダーシップを発揮している
5．大勢でよく遊んでいる

④健康や発達状態をのぞいて、お子さまのことで心配なことはありますか。
1．いつも親として心配はしている
2．少し気になることがある
3．まれにふと気づいて気になる
4．あまり心配していない
5．あるがままでよい

⑤子育てについて相談できる相手を教えてください。
1．家族
2．友人
3．幼稚園や幼児教室の先生
4．ソーシャルネットワークサービスなどのネット関係
5．その他

⑥子どもは保護者や先生に、事実でないことやうそを言うことがあります。その時どう対応しますか。
1．うそは言わないように指導する
2．うそは良い結果を生まないことを理解させる
3．事実ではない可能性をわきまえて子どもの話を聞く
4．自分の子どもの言葉をまずは信じる
5．疑問のある話は参考にしない

家庭学習のコツ②　「家庭学習ガイド」はママの味方！

問題演習を始める前に、試験の概要をまとめた「家庭学習ガイド（本書カラーページに掲載）」を読みましょう。「家庭学習ガイド」には、応募者数や試験課目の詳細のほか、学習を進める上で重要な情報が掲載されています。それらの情報で入試の傾向をつかみ、学習の方針を立ててから、対策学習を始めてください。

※⑦は記述式、字数制限がない
⑦小学校の先生に期待されること、期待するスキルや避けてほしいことなどを
自由に書いてください。

〈時 間〉 20分

〈解 答〉 省略

［2020年度出題］

学習のポイント

当校のアンケートはお子さまの考査中の20分程の時間内で記入します。ただし、時間の都合で早めに回収が始まることもあったようなので、15分程度で記入するようにした方が良いでしょう。2019年度までは記述式のみの解答でしたが、本年度からは選択式の問題も加えられました。そのため今までよりは時間に余裕を持って取り組めるでしょう。⑦の問題は字数制限が無く、書き足りなかった場合は裏面を使用しても良いそうです。しっかりと質問に沿った回答をすること、誤字脱字が無いように注意しましょう。また、アンケートを記入する際、下書きを持参することを許されていたそうです。そのため、ご家庭での教育観など、ある程度まとめたものを持っていき、アンケートの内容に合わせて答えられるようにしましょう。

【おすすめ問題集】
新・小学校受験 願書・アンケート 文例集500

2019年度以前の過去問題

問題10　分野：お話の記憶

集中　聞く　知識　公衆

〈準備〉　サインペン（赤）・音楽再生機器・セミの鳴き声の音源

〈問題〉　お話をよく聞いて、後の質問に答えてください。
タヌキくん、キツネくん、リスさん、クマくん、ウサギさんは同じ幼稚園に通う仲良しです。ある日、みんなで遠くの公園に遠足に行くことになりました。公園は車で30分ほど掛かります。クマくんは「遠いけど歩いて行こうよ、お昼までには着くんじゃないかな」、リスさんは「道を渡る時は、ちゃんと横断歩道を渡るのよ」、キツネくんは「誰が早く行けるか、競争しようよ」、ウサギさんは「鬼ごっこをしながら歩いて行けば退屈しないよ」と言いました。結局タヌキくんのお父さんに車で送ってもらい、公園に着くと、広場の木の上でなにかが鳴いています。（セミの鳴き声を再生する）タヌキくんは「すごくうるさいね」と大声でクマくんに言いました。クマくんは「そうだね」とうなづいて、声がする方を見ました。みんなも、それにつられて、声のする方を見ていました。それから、公園の広場にある道具で遊びました。タヌキくんとキツネくんは、シーソーで、リスさんとクマくんはブランコで、ウサギさんはすべり台で遊んでいます。しばらくすると急に空が暗くなって、クマくんの頭にぽつんと、雨が降ってきました。クマくんはみんなに「こっちにおいでよ」と広場の木の下で雨宿りするように言いました。雨は激しく降りましたが、すぐに止みました。リスさんが雨が上がった空を見て「空に橋が架かっているよ」とウサギさんに言いました。ウサギさんは「きれいだね」と言って、リスさんと一緒に空にできた橋を見ていました。雨が上がるとちょうどお昼ご飯の時間になったようです。「お腹が減ったから、お弁当を食べようよ」とキツネくんが言うとみんなもお腹が減っていたようで「そうしよう、そうしよう」と答えました。公園の広場でクマくんがお弁当を開くと、おにぎりが２つとウィンナーが３本、ミニトマトが１個入っていました。

①遠足に行く時に正しいことを言ったのは誰ですか。○をつけてください。
②公園の木で鳴いていたのは何ですか。○をつけてください。
③リスさんが「空に橋が架かっている」と言いましたが、その「橋」はどんなものですか。○をつけてください。
④クマくんのお弁当はどれですか。○をつけてください。

〈時間〉　各15秒

〈解答〉　①○：リス　②○：セミ　③○：虹　④○：右から２番目

［2019年度出題］

学習のポイント

当校のお話の記憶で題材とされるお話は短く、複雑なものではありません。特徴はマナーをはじめとする常識についての質問が必ずあることでしょう。よく見られるのは、「登場人物たちのセリフの中で正しいものを選びなさい」というパターンです。「絵の中で良くないものを選びなさい」という問題はよく見ますが、セリフから選ぶ形、しかもストーリーの中での発言から正しいものを選ぶというパターンはあまり見られません。特別な対策は必要ありませんが、過去問などで慣れておいた方がスムーズに答えられるでしょう。お話の内容はポイントを整理しながら聞けば自然と頭に入ってくる程度のものですから、その分こういった問題に答えられるよう、常識分野の知識を蓄えた方がよいかもしれません。マナーについては生活の中で学ぶことがほとんどですが、動植物に関する知識をはじめとする常識は、分野別の問題集などでも充分得られます。小学校受験で出題される「年齢相応の常識を学ぶ」という意味でなら、かえって効率がよいでしょう。

【おすすめ問題集】

1話5分の読み聞かせお話集①・②、お話の記憶 初級編・中級編・上級編、
Ｊｒ・ウォッチャー19「お話の記憶」、34「季節」、56「マナーとルール」

問題11　分野：巧緻性（運筆）　集中

〈準 備〉　サインペン（赤）

〈問 題〉　線と線の間をはみ出さないようにしてなぞってください。始める場所は好きなところからで構いません。

〈時 間〉　1分

〈解 答〉　省略

［2019年度出題］

学習のポイント

運筆の問題です。直線と曲線を組み合せた図形の外周が帯になっていて、そこからはみ出さないように線を引くという課題ですが、ここでは主に、筆記用具が正しく使えているかをチェックしています。範囲内に線が収まっていればそれ以上に出来上がりを気にすることはありません。当校の入試では解答に水性のサインペンを使いますが、正しく握っていないと筆圧が強くなって滲んだり、滑らかに線が引けなくなります。それが疑われるような結果でなければよい、といった認識で保護者の方もお子さまの引いた線を見てください。正しい持ち方をしていなければ矯正するように指導し、正しい持ち方をしていても線をうまく引いていない場合は、筆の運び方を教えてください。なお、線の始点と終点を視界に入れてペン先を動かすようにすると、思い通りのものに近い線が引けるようになります。一度試してみてください。

【おすすめ問題集】

Ｊｒ・ウォッチャー１「点・線図形」、51「運筆①」、52「運筆②」

問題12　分野：図形（合成）

集中

〈準備〉　問題12－2の絵に指定の色を塗っておく。問題12－1の絵を線に沿って切り抜き、4枚の片面をオレンジ色、反対側の面を紫色、もう4枚の片面を青色、反対側の面をみずいろで塗っておく。

〈問題〉　（問題12－2のイラストをお手本として見せる）
三角形の色板を使ってお手本と同じ形を作ってください。

〈時間〉　20秒

〈解答〉　省略

［2019年度出題］

学習のポイント

図形を組み合わせるパズルです。ここ数年は同じような出題が続いています。解答時間が20秒と短いので、①図形の組み合わせ方を理解する、②パズルを並べるという作業を感覚的に行う必要があります。それほど複雑な図形パズルが出題されたことはありませんが、仕組みを理解していないと感覚的に作業は行えません。タングラムなど市販の図形パズルを何度か解いて、ピースの色、向き（形）、位置をすぐ認識できるようになっておきましょう。本来、こうした図形パズルの問題は、図形の特徴や性質を理解するために行うものです。例えば、同じ三角形を組み合わせて四角形を作るといったことは言葉ではなく、目で見て覚えた方が効率も良いからです。同じような出題が続いているからといって、この問題の「作業」を覚えても将来の学習で役立ちません。本質的なところも保護者の方は理解してから指導するようにしてください。

【おすすめ問題集】
Ｊｒ・ウォッチャー３「パズル」、９「合成」、54「図形の構成」

問題13　分野：口頭試問

集中

〈準備〉　なし

〈問題〉　（問題13－1の絵を見せる）
①この絵を見てあなたはどのように思いますか。話してください。
（問題13－2の絵を見せる）
②この中でよくないことをしている人がいますか。

〈時間〉　適宜

〈解答〉　省略

［2019年度出題］

学習のポイント

マナーに関する課題は当校入試では例年出題されます。特に公共の場のマナーについての関心が高いようで、口頭試問の質問はよく公共の場でのマナーについて聞かれます。これは、ほかの国立小学校に比べれば学区が狭いとは言え、公立小学校よりは広く、入学すれば通学などで公共の場で行動する機会が多くなるという学校の特徴からでしょう。入試を受ける側にとっては、「合格したいのならば、公共の場でどのように振る舞えばよいかを知っておくべきだ」と言われているようなものです。しかし、「どのように振る舞うか」とは実は難しいことです。例えば、図書館なら静かに過ごさなくてはいけませんが、レストランでは迷惑にならない程度に話をしてもよい、と場所や状況によってマナーというのは変わるものだからです。保護者の方が場所や状況を気にかけておかないと、お子さまもしっかりとしたマナーを身に付けられないでしょう。

【おすすめ問題集】

新口頭試問・個別テスト問題集、Ｊｒ・ウォッチャー56「マナーとルール」

家庭学習のコツ③　効果的な学習方法～問題集を通読する

過去問題集を始めるにあたり、いきなり問題に取り組んではいませんか？　それでは本書を有効活用しているとは言えません。まず、保護者の方が、すべてを一通り読み、当校の傾向、ポイント、問題のアドバイスを頭に入れてください。そうすることにより、保護者の方の指導力がアップします。また、日常生活のさまざまなことから、保護者の方自身が「作問」することができるようになっていきます。

問題14　分野：お話の記憶

集中　聞く　知識　公衆

〈準 備〉　サインペン（赤）・音楽再生機器・スズムシの鳴き声の音源

〈問 題〉　ウサギさんとクマさんとリスさんが、キツネのお兄さんと一緒に、夏祭りに行きました。お祭りをしている広場には、たくさんの出店が出ていました。キツネのお兄さんが「みんな、好きなものを１つだけ食べていいよ」と言ったので、みんなは大喜びで「お兄さん、ありがとう」と言いました。ウサギさんはわたがし、クマさんは焼きトウモロコシ、リスさんはタコ焼きを買ってもらいました。キツネのお兄さんが「みんなで座って食べよう」と言ったので、みんなは広場の近くの川原に座って食べました。するとどこからか、リリリリリと音が聞こえてきました。何の音だろうと、みんな食べながら耳をすましていると、いつのまにか音は止んでしまいました。キツネのお兄さんが「食べ終わったら、次はどこに行きたい」と聞くと、ウサギさんが「向こうで金魚すくいをやってるよ。行ってみようよ」と言いました。みんなも「そうしよう」と賛成しました。でも、金魚すくいの出店には、たくさん人が並んでいました。みんなの順番は、なかなか回ってきそうにありません。リスさんが「僕は小さいから、前の方にそっと割り込んでも、わからないんじゃないかな」と言いました。クマさんが「僕が、どいてくださいって大きな声で頼んだら、みんな場所を空けてくれるんじゃないかな」と言いました。ウサギさんは「なかなか順番が回ってこないから、悲しくなってきたよ。泣いちゃうよ」と目を真っ赤にしています。キツネのお兄さんが「みんな楽しみに並んでいるんだから、順番は守ろうよ。みんなでお話しながら待つのも楽しいよ」とウサギさんの頭をなでながら言いました。みんなで金魚すくいをした後、おみこしを担いでいる人たちといっしょに声を出したり、笛や太鼓の演奏を聞いたり、盆踊りを一緒に踊ったりしているうちに、あっという間に時間が過ぎてしまいました。キツネのお兄さんが、「そろそろ帰ろうか。みんな、何が１番楽しかった？」と聞くと、クマさんは「おみこしが楽しかった。おみこしの上に乗せてもらったんだ」と言いました。ウサギさんは「やっぱり金魚すくいかな。７匹も取っちゃった」と、金魚がいっぱい入った袋を見せてくれました。リスさんは「盆踊りが楽しかった。やぐらに上って、太鼓をたたかせてもらったよ」と言いました。みんなが笑いながら歩いていると、ドーンと大きな音がしました。空を見上げて、ウサギさんが「きれいだね。お空に花が咲いたみたい」と言いました。みんなはそのまま空を見上げながら、手をつないでお家に帰りました。

①（鳴き声の音声を流し）川原でみんなが聞いた音はこんな音でした。何の音でしょう。選んで○をつけてください。
②金魚すくいの順番を待っている時に、正しいことを言ったのは誰ですか。選んで○をつけてください。
③トウモロコシを買ってもらったのは誰ですか。選んで○をつけてください。
④盆踊りが楽しかったと言ったのは誰ですか。選んで○をつけてください。
⑤「お空に花が咲いたみたい」とは、どんな場面のことでしょう。選んで○をつけてください。

〈時 間〉　各10秒

〈解 答〉　①右から２番目（スズムシ）　②右端（キツネ）　③左から２番目（クマ）
④左から２番目（リス）　⑤右端（花火）

［2018年度出題］

学習のポイント

お話の記憶の問題です。当校のお話の記憶の問題には、例年マナーに関すること、理科・常識的な知識を問うものが例年含まれています。ルールやマナーに関しては、すべきこと（してはならないこと）とその理由をセットで教えるようにしましょう。ルールやマナーを守らなければ、危険な目にあったり、他の人にいやな思いをさせてしまうということを、お子さまに理解させましょう。知識に関しては、年齢相応のもので十分対応できます。さまざまな問題集などを解いて、そこに出題されているものは覚えるようにしましょう。また、机上の学習だけでなく、外出した時に実際に見たり触れたりした植物・動物・行事などについて説明してあげてください。それに加えて図鑑などでいっしょに確認したりといった経験を経ることで知識は豊かになります。お話の聞き取りでは、お話の内容をイメージしながら聞き取ることができるかどうかがポイントとなります。聞き取りが苦手なお子さまには、ふだんの読み聞かせの際に、お話を小分けにして、その都度理解できているかを確認するための質問をしてみることや、その場面を絵に描かせてみたりといった練習をすると良いでしょう。場面をイメージしながら聞きとれれば、⑤の「夏祭り」で「大きな音」がして「お空に花が咲いたみたい」という部分は、「花火」と気づくことができるようになります。

【おすすめ問題集】

Ｊｒ・ウォッチャー19「お話の記憶」、27「理科」、34「季節」、55「理科②」、56「マナーとルール」、１話５分の読み聞かせお話集①②、お話の記憶 初級編・中級編・上級編

問題15　分野：巧緻性（運筆）

集中

〈準備〉 サインペン（赤）

〈問題〉 線と線の間をはみ出さないようにしてなぞってください。始める場所は好きなところからで構いません。

〈時間〉 １分

〈解答〉 省略

［2018年度出題］

学習のポイント

２つの線の間をはみ出さずに線を引く運筆の問題です。2019年度までは、直線と曲線を組み合わせた図形が出題されていました。筆記用具の正しい持ち方、座った時の正しい姿勢などを、まず覚えさせましょう。サインペンで線を引く場合、鉛筆やクーピーペンなどの筆記用具とは書き味や力加減が変わってきます。感覚的な部分になりますので、何度も類題にチャレンジしたり、お絵かきの時にサインペンを使わせるなどして、練習を積み重ねておきましょう。線を引く時、ペン先に意識を集中していると、書いていく線の先の方が見えにくくなってしまい、歪んでしまいがちです。問題に取り組む際に、まず絵の全体を捉え、線を引き始めてからもペン先と、線を引く先の両方をいっしょに見ながら手を動かすようにすると、思い通りのものに近い線が引けるようになります。

【おすすめ問題集】
Ｊｒ・ウォッチャー１「点・線図形」、51「運筆①」、52「運筆②」

問題16　分野：口頭試問

集中

〈準備〉　なし

〈問題〉　（問題16-１の絵を見せる）
①牛乳をこぼしてしまいました。あなたはどうしますか。
②男の子はどんな気持ちだと思いますか。答えてください。
（問題16-２の絵を見せる）
③この中でよくないことをしている人がいますか。
④それは、なぜよくないことなのですか。

〈時間〉　適宜

〈解答〉　省略

［2018年度出題］

家庭学習のコツ④　効果的な学習方法～お子さまの今の実力を知る

１年分の問題を解き終えた後、「家庭学習ガイド」に掲載されているレーダーチャートを参考に、目標への到達度をはかってみましょう。また、あわせてお子さまの得意・不得意の見きわめも行ってください。苦手な分野の対策にあたっては、お子さまに無理をさせず、理解度に合わせて学習するとよいでしょう。

学習のポイント

この問題のほかにも、１人でいるお子さまの絵を見せて、登場人物の気持ちやお子さまの考えを聞く問題、図書館の絵を見せて何をする場所なのか、気を付けるべきマナーを問うなどが例年出題されています。いずれも、他人の気持ちを考えられるかどうかを観る、社会的常識と情操面の発達を観るための問題です。難しい質問ではありませんので、質問をよく聞いて、ハッキリと大きな声で答えるようにしましょう。行動観察や口頭試問は、年齢相応のコミュニケーションが取れるかどうかを観る問題、小学校受験ではほとんどの学校で行われています。お子さまに指導する時も、保護者の方が「こう答えるのよ」と１つの考えを覚えさせるのではなく、何を聞かれているかを理解して答えさせるということを意識してください。

【おすすめ問題集】
新口頭試問・個別テスト問題集、Ｊｒ・ウォッチャー56「マナーとルール」

問題17　分野：お話の記憶

集中　聞く　知識　公衆

〈準備〉　サインペン（赤）
あらかじめ、問題の絵を裏返しにしておく。

〈問題〉　お話をよく聞いて後の質問に答えてください。
ブタくん、ウサギさん、クマくん、リスさん、キツネくんの５人が公園に遊びに行きました。公園に着くと、ブタくんは「ブランコに乗ろうよ」と言いましたが、ほかの人がもうブランコで遊んでいます。クマくんは、「ブランコが空くまでほかの遊びをしよう」と言いました。ウサギさんは、「『早く代わってよ』って頼んでみようよ」と言いました。リスさんは、「今乗っている人を降ろして、乗ればいいんだよ」と言いました。ブタくんは、「お母さんに『代わってください』って言ってもらおうよ」と言いました。
ブランコや滑り台で遊んでいると、あっという間にお昼の時間になりました。クマくんはカキの実を袋から取り出して食べました。「カキのタネはそんな形をしているんだね」とキツネくんがその様子を見ながら言いました。
お昼を食べた後、リスさんがぼーっとお空を見ているので、ウサギさんは「どうしたの。何かいるの？」と聞きました。リスさんは「うろこ雲が浮かんでいるよ」と言いました。
しばらくするとブタくんのお母さんがやって来て、「おやつの時間だからうちに来てお菓子をたべなさい」と声を掛けました。５人はブタくんの家へ行き、お母さんにおやつをもらいました。テーブルの上には丸いお皿が５枚あり、それぞれのお皿の上にはクッキーが５枚とアメが２個載っていました。

①ブランコに乗る時に正しいことを言ったの誰ですか。○をつけてください。
②カキの種はどれですか。正しいものに○をつけてください。
③リスさんは「うろこ雲が浮かんでいるよ」と言いましたが、その様子で正しいのはどの絵ですか。○をつけてください。
④ブタくんの家でもらったおやつはどれでしたか。正しいものに○をつけてください。

〈時間〉　各10秒

〈解答〉　①右から２番目（クマ）　②左端　③右
④右端（クッキー５枚とアメ２個）

［2017年度出題］

学習のポイント

当校のお話の記憶では、よく常識分野の出題がされます。マナー、理科的常識、季節など、ストーリーと直接関係のない質問について答えられるだけの知識が必要になってきます。問われるのは年齢相応の常識ですから、特別な学習は必要はないとも言えますが、お子さまの興味以外のものについては分野別の問題集などで補って学習しておきましょう。特に、動物の生態や植物に関する知識は日常生活で学ぶ機会が少ないので、問題を解くことで知識を豊かにしておきましょう。最近では、ライフスタイルの変化や技術の進歩によって、季節に対するイメージが、小学校受験のものと異なっていることもあります。くだものや野菜などはどの季節のものか1度確認しておくとよいでしょう。なお、お話そのものはそれほど複雑ではありませんので、登場人物と大まかな流れを押さえておくという程度の把握で問題ないでしょう。

【おすすめ問題集】

1話5分の読み聞かせお話集①②、お話の記憶 初級編・中級編・上級編、
Ｊｒ・ウォッチャー19「お話の記憶」、27「理科」、34「季節」、
55「理科②」、56「マナーとルール」

問題18　分野：巧緻性（運筆）　集中

〈準備〉　サインペン（赤）

〈問題〉　線と線の間をはみ出さないようにしてなぞってください。好きなところから始めてください。

〈時間〉　1分

〈解答〉　省略

［2017年度出題］

学習のポイント

当校で例年出題される、運筆の課題です。筆記用具の持ち方などの正しい姿勢は最初に覚えましょう（矯正するのは大変です）。当校では筆記用具に赤のサインペンが指定されています。鉛筆やクーピーペンとは書き心地が違いますので、あらかじめ練習して、慣れておきましょう。問題は直線と曲線が組み合わさった簡単なものですが、サインペンだと書き直しができないので、慎重に書いていきましょう。運筆の問題はペンの握り方や腕の動かし方、力加減など感覚的に習得していく必要があり、繰り返しの練習が欠かせません。お絵かき遊びにサインペンを使わせてみるなど、類題の練習以外でも触れる機会を増やしてあげるようにしてください。

【おすすめ問題集】

Ｊｒ・ウォッチャー1「点・線図形」、51「運筆①」、52「運筆②」

問題19 分野：図形（合成）

観察 集中

〈準備〉 あらかじめ、問題19－２の絵に指定の色を塗っておく。問題19－１の絵を線に沿って切り抜き、片面を水色、反対側の面を青色に塗っておく。

〈問題〉 （問題19－２のイラストをお手本として見せる）
三角形の色板を使ってお手本と同じ形を作ってください。

〈時間〉 20秒

〈解答〉 省略

［2017年度出題］

学習のポイント

例年出題される図形分野の合成の問題です。６枚中４枚のパズルしか使わない、パズルのピースの色が違うという小さな変化は例年ありますが、複雑な図形が出題されたことはなく、問題の傾向に大きな変化はありません。したがって、対策がとりやすい問題の１つといえるでしょう。本問の特徴は、与えられた解答時間が非常に短いことです。つまり、図形の組み合わせ方をその都度考えている余裕はなく、見た瞬間に組み合わせが頭に思い浮かべられることが大切です。そのため、日頃の学習で、パズルやブロック・積み木遊びなどの実物を使用して学習をしましょう。図形を実際に組み合わせることに、慣れておくと、この問題の類題をこなす時、一目見て図形の組み合わせを見分けられるようになります。

【おすすめ問題集】
Ｊｒ・ウォッチャー３「パズル」、９「合成」、54「図形の構成」

問題20　分野：お話の記憶

集中　聞く　知識　公衆

〈準　備〉　サインペン（赤）
（問題20の絵を裏返しにしておく。）

〈問　題〉　お話をよく聞いて後の質問に答えてください。

今日はみよちゃんの誕生日です。みよちゃんは今年で９歳になります。お誕生日のお祝いに、お父さんとお母さんが動物園に連れて行ってくれることになりました。１歳年上のお姉ちゃんも、もちろん一緒です。みよちゃんたちは、お父さんが運転する車で動物園に行きました。
動物園にはたくさんの動物がいて、１日で全部を見るのは大変そうでした。そこで、お父さんとみよちゃん、お母さんとお姉さんの２組に分かれて動物園を回ることにしました。みよちゃんはサル、カメ、クマ、ライオン、オウム、カモを見ました。ライオンの檻では、ちょうどエサやりの時間で、大きなお肉を残さず食べるライオンを見て、みよちゃんはとてもびっくりしました。お昼になったので、一度家族みんなで集まって、お昼ご飯を食べることになりました。みよちゃんに会うと、お姉ちゃんは嬉しそうに言いました。「あのね、ウサギとゾウとキリンを見たの。それからレッサーパンダとカバも見たわ。それと、最後に見たペンギンがとっても可愛いかったの」お姉ちゃんはとてもうれしそうでした。
お昼ご飯は動物園の中のレストランで食べました。みよちゃんは、カレーとスパゲッティの入ったお子さまランチを、お姉ちゃんはうどんと、おかずにソーセージと豚肉の炒め物を食べました。お母さんはハンバーグのランチセットを、お父さんはラーメンを食べました。
お昼ご飯を食べ終わったので、みよちゃんたちはお家に帰ることにしました。お腹が一杯になったみよちゃんは、暖かい日だったこともあって、うとうとしてしまいました。「みよちゃん、お家に着いたよ」お母さんの優しい声がして、みよちゃんが目を覚ますと、車はお家に着いていました。

（問題20の絵を表にする）
①お姉さんが見た動物はどれですか。当てはまるものすべてに○をつけてください。
②みよちゃんが見た動物はどれですか。当てはまるものすべてに○をつけてください。
③お姉ちゃんがお昼ご飯に食べたものはどれですか。当てはまるものに○をつけてください。
④みよちゃんのお子さまランチには何が入っていましたか。当てはまるものすべてに○をつけてください。

〈時　間〉　各10秒

〈解　答〉　①左端、右から２番目（キリン、ゾウ）　②左から２番目（クマ）
③右端（ソーセージ）　④左端、左から２番目（スパゲッティ、カレー）

［2016年度出題］

学習のポイント

当校のお話の記憶は、例年公共の場でのマナーについてよく出題されます。しかしこの問題はお話の中に登場した生きものや食べ物を聞き取れているかが主に観られています。お話の記憶の問題では、季節や天気、出てきた人やもの、時間、登場人物の感情など、設問に使われる要素はたくさんありますが、それらを１つひとつ文字で覚えていくのは効率的ではありません。まずはお話の流れ全体を把握し、情景を頭に思い浮かべながら記憶することが重要です。例えば、動物園で見た動物を記憶する場合でも、ただ単語を覚えていくのではなく、檻や水槽に入った動物の姿をイメージすると覚えやすいでしょう。このようにお子さまがイメージを思い浮かべるようになるには、知識だけでなく日頃の観察や体験も必要です。家族で動物園や水族館に行って、いろいろな動物をお子さまに見せてあげましょう。

【おすすめ問題集】
１話５分の読み聞かせお話集①②、お話の記憶 初級編・中級編・上級編、
Ｊｒ・ウォッチャー19「お話の記憶」

問題21 分野：お話の記憶

集中 聞く 知識 公衆

〈準備〉 サインペン（赤）
あらかじめ、問題の絵を裏返しにしておく。

〈問題〉 **問題の絵は縦に使用してください。**
これからするお話をよく聞いて、後の質問に答えてください。
クマさんがお庭で遊んでいると、お母さんに買い物を頼まれました。お昼ご飯の用意をするのに、「たりないものがあるから買ってきてほしい」と言われたのです。
クマさんは、お母さんから財布と、地図と買う物が書かれたメモと買い物かごをうけとってから出かけました。
バスに乗って３つ目のバス停で降りて、パン屋さんでフランスパンと食パンを買いました。そのあとに八百屋さんでキャベツとキュウリを買いました。クマさんは八百屋のおじさんにおまけのリンゴを１個をもらい、うれしくて仕方ありませんでした。
帰りにしばらく歩いていると、道端にアジサイがさいていました。ずっと見ていると、おばあさんが来て「お花は好きかい」と聞かれたので、「はい」と答えると、おばあさんがアジサイを３本くれました。アジサイをかごに入れてバス停に向かって歩いていると、急に雨が降ってきたので雨宿りをしてから、バスに乗ってお家へ帰りました。

（問題21の絵を表にして）では絵を見てください。
①１番上の段を見てください。クマさんは何に乗って買い物に行きましたか。○をつけてください。
②上から２段目を見てください。パン屋で買った物に○を、八百屋で買った物に△をつけてください。
③上から３段目を見てください。クマさんがお昼ご飯に食べた物はどれだと思いますか。○をつけてください。
④１番下の段を見てください。クマさんがもらった花の葉っぱに１匹、生きものがくっついていました。どのような生きものだと思いますか。○をつけてください。

〈時 間〉　各20秒

〈解 答〉　①右から２番目（バス）
②○：左から３番目、右から２番目（食パン・フランスパン）
　△：左から２番目、右端（キュウリ・キャベツ）
③真ん中、右端（野菜サラダ・サンドウィッチ）
④右端（カタツムリ）

［2015年度出題］

学習のポイント

お話の記憶の問題は当校では例年出題されています。お話を聞き取る時は、意識して聞いている場合と、ぼんやり聞いている場合では記憶に差が出ます。日頃の学習で、読み聞かせの直後に「～はどうして～したのかな？」など、質問をしていくと、お子さまはお話を意識して聞くようになります。③は、買ってきた材料から食べたものを推測しないといけません。ふだんから、料理の手伝いをしたり、食事の時に食材の会話をするなど、コミュニケーションをとって知識を身に付けましょう。④の常識問題も対策は同じです。ただ知識量の差なので、お子さまが間違えてしまったのであれば、まずはその知識に触れることをしましょう。この問題の場合は、実際にあじさいの咲く頃に、葉っぱの裏を見て直接確認したり、インターネットや図鑑などのあらゆるメディアを使って、間接的に確認したりと、方法はいくらでもあります。

【おすすめ問題集】
１話５分の読み聞かせお話集①・②、　お話の記憶 初級編・中級編・上級編、
Ｊｒ・ウォッチャー19「お話の記憶」、27「理科」、55「理科②」

問題22　分野：口頭試問

話す　聞く

〈準 備〉　なし

〈問 題〉　**この問題の絵はありません。**
こんにちは。これから私がいろいろ質問をしますから、答えてください。
①今日はこの学校まで、誰と来ましたか。
②今日はここまで何かに乗って来ましたか。それとも歩いて来ましたか。
③朝（お昼）ごはんには何を食べましたか。
④バスや電車の中で気を付けていることは何ですか。
⑤お家でのお手伝いはどんなことをしていますか。
⑥保育園で仲の良いお友だちの名前を教えてください。
⑦そのお友だちのどんなところが好きですか。
⑧魔法が使えたらどんな魔法を使いますか。

〈時 間〉　適宜

〈解 答〉　省略

［2015年度出題］

学習のポイント

ブロックを積み上げる課題の作業中に個別に呼ばれ、先生からさまざまな質問を受ける形は例年と同じです。「ゲームで競争」→「口頭試問」という切り替えはお子さまにとってはかなり難しいようですから、試験前にはぜひ予習をしておきましょう。お子さまが慣れておけば、行動観察・質問内容ともに難しい内容ではありませんから、問題なく行動できるでしょう。ですから、質問内容については特に注意して聞くようにしてください。１人あたりの時間が短いため、すぐに答えることを要求されます。聞き取れずに答えられなかったり、言葉につまってしまうということは避けたいです。試験会場の緊張した雰囲気とその慌ただしさからお子さまがいつも通りにはできないことの方が多いでしょう。少しでも慣れておくために過去問題を繰り返し解いて対策を取りましょう。

【おすすめ問題集】
新口頭試問・個別テスト問題集

問題23　分野：口頭試問

話す　聞く

〈準備〉　なし

〈問題〉　（問題23-1の絵を見せる）
①お友だちが転んで、ほかのお友だちが「大丈夫？」と声をかけました。
あなたはどうしますか。
（問題23-２の絵を見せる）
②電車の中でいけないことをしているのは誰ですか。お話してください。

〈時間〉　適宜

〈解答〉　省略

[2015年度出題]

学習のポイント

例年出題されている口頭試問は、「集団で遊んでいる子どもたちと１人で遊んでいる子どもの絵」を見せて、「１人でいる子はどんな気持ちだと思うか」「あなたならどうするか」といったことが聞かれていたのですが、この問題はお友だちとの会話を中心にした口頭試問が行われたようです。絵と質問内容から、どのような答えが良いのか、すぐに自分の考えを言えば、よほど変わった発言でなければ悪い評価は受けないでしょう。当校に限らず、行動観察や口頭試問は年齢相応のコミュニケーションが取れるかどうかが主な観点です。お子さまに指導する時は、「～という答えをしなさい」というよりは「何を聞かれているかを理解して、相手にわかるように答える」ということを意識させる方が、よい結果に結びつきます。なお、②はよく見かける電車の中のマナーについての問題です。問題なく答えられればよいですが、解けなかった場合はよくない行動の理由をお子さまに教えながら説明してください。

【おすすめ問題集】
新口頭試問・個別テスト問題集

問題24　分野：お話の記憶

集中　聞く　知識　公衆

〈準備〉　サインペン（赤）

〈問題〉　**この問題の絵は縦に使用してください。**
お話をよく聞いて後の質問に答えてください。

クマさんとキツネさんとウサギさんとリスさんが、どこかに遊びに行こうと相談していました。クマさんは「水族館に行きたい」と言いました。キツネさんは「図書館に行って本を読みたいな」と言いました。ウサギさんは「お菓子屋さんに行ってお菓子を食べない？　お腹が空いたよ」と言いました。リスさんは「公園がいいよ。みんなでオニごっこをして遊ぼう」と言いました。ジャンケンで決めることになり、キツネさんが勝ったので図書館に行くことになりました。図書館に着くと、キツネさんが「面白そうな本があったら大きな声で呼んでね」と言いました。ウサギさんは「お菓子を食べながら読もう」と言いました。リスさんは「かくれんぼをしたらきっと楽しいよ」と言いました。みんなの話を聞いて、クマさんは「図書館では静かに本を読もうね」と言いました。みんなはクマさんの言う通りだと思い、それぞれ好きな本を選んで席に着いて静かに読みました。そのうちみんな本を読み終わったので、本をしまって図書館を出ることにしました。その時、誰もいない机の上に本が散らばっているのを見て、キツネさんが「本が泣いてるよ。これも片付けて行こう」と言いました。図書館を出た４人は、今度はクマさんの家で遊ぶことにしました。クマさんの家に行くには、公園の中を通るのが近道です。鉄棒の横を通った時、地面に落ちていた石にウサギさんがつまずいて転びそうになったのを見て、キツネさんが「ウサギさん、大丈夫？　また誰かがつまずいたらいけないから、石はどかしておこう」と言いました。リスさんが石を拾い上げると、その下にはダンゴムシが５匹いて、５匹とも一斉に丸くなりました。そのままではダンゴムシが誰かに踏まれてしまうと思ったクマさんが、両手いっぱいに落ち葉を拾ってダンゴムシをかくしてあげました。リスさんが石を植え込みの中に置くと、４人はクマさんの家に向かいました。クマさんの家では、お絵描きをして遊びました。ウサギさんが、クマさんが水族館に行きたがっていたのを思い出して、「サカナの絵を描いて水族館ごっこをしよう」と言いました。みんなはそれに賛成して、サカナやタコやカメ、ペンギンやイルカの絵を描いて楽しく水族館ごっこをしました。誰かのおなかがぐ～っと鳴りましたが、ちょうどそこにクマさんのお母さんが四角いお皿を持って入ってきて、「お昼ごはんを用意したわよ。手を洗っていらっしゃい」と言いました。お皿の上にはおにぎりが５つとタコさんウインナーが３つ、載っていました。クマさんとキツネさんとウサギさんが声を合わせて「わあ、おいしそう！」と言いました。リスさんは「ぼくは体が小さいからおにぎりだけでいいよ」と言いました。食べ終わって「ごちそうさま」を言うと、キツネさんとウサギさんとリスさんはクマさんのお母さんに「ありがとう」と言って、それぞれ家に帰りました。

①みんなでどこに行くか相談した時、図書館に行きたいと言ったのは誰ですか。○をつけてください。
②図書館の中で正しいマナーを言ったのは誰ですか。○をつけてください。
③本を片付ける時キツネさんが「本が泣いているよ」と言ったのは何を見たからですか。○をつけてください。
④ダンゴムシがいたのは公園の中の何の下ですか。○をつけてください。
⑤クマさんのお母さんが出してくれたお昼ごはんに○をつけてください。

〈時間〉　即答が望ましい

〈解答〉　①左から２番目（キツネ）　②左端（クマ）
③右から２番目（本が散らばっている）　④右から２番目（石）
⑤右端（おにぎり５つとタコさんウインナー３つ）

［2014年度出題］

学習のポイント

このお話のように比較的長いお話を聞く場合、登場人物やできごとを場面とともに思い描きながら聞くと、内容を記憶しやすくなります。ただ、このようにイメージしながらお話を聞くことは最初からできるものではありません。お子さまが慣れないうちは、短いお話や登場人物やできごとが少ないお話を読み聞かせて、「〇〇くんの帽子は何色だった？」「咲いていたのは何の花だった？」など、内容を確認する質問をするとよいでしょう。そうすると質問をイメージして答えるようになり、お話を聞く時も自然とイメージするようになります。そして慣れてきたら、少しずつ長いお話をこなしてください。なお、当校の「お話の記憶」の問題では、例年、公共の場でのマナーや道徳に関する設問が見られます。公共交通機関利用時のマナーや、病院や図書館など静粛が求められる場所でのルール、道路や踏切など危険な場所での振る舞いなどは、お出かけなどの際にその場で教えるとお子さまの理解は深まるでしょう。

【おすすめ問題集】

1話5分の読み聞かせお話集①・②、お話の記憶 初級編・中級編・上級編
Ｊｒ・ウォッチャー19「お話の記憶」、56「マナーとルール」

問題25　分野：巧緻性（運筆）

集中

〈準備〉　サインペン（赤）

〈問題〉　**この問題の絵は縦に使用してください。**
線と線の間をはみ出さないようにしてなぞってください。好きなところから始めてください。

〈時間〉　１分

〈解答〉　省略

［2014年度出題］

学習のポイント

当校で例年出題される、運筆の課題です。筆記用具の持ち方は、癖が付いてからでは矯正しにくくなりますので、早いうちに正しい持ち方に直しましょう。また、本問で使用する筆記用具はサインペンと日頃慣れ親しんでいるものではありませんから、あらかじめ練習しておきましょう。当校は例年、サインペンを使って問題を解くので、ほとんどのお子さまが練習をしていると思ってください。サインペンは書く力の強弱で、滲んだり、かすれたり結果がわかりやすいので、練習している子としていない子で差がつきやすいです。

【おすすめ問題集】

Ｊｒ・ウォッチャー１「点・線図形」、51「運筆①」、52「運筆②」

問題26　分野：口頭試問

話す　聞く

〈準備〉　なし

〈問題〉　**この問題の絵はありません。**
こんにちは。これから私がいろいろ質問をしますから、答えてください。
①今日はこの学校まで、誰と来ましたか。
②今日はここまで何かに乗って来ましたか。それとも歩いて来ましたか。
③朝ごはんには何を食べましたか。
④バスや電車の中で気を付けていることは何ですか。
⑤お家でのお手伝いはどんなことをしていますか。
⑥仲の良いお友だちの名前を教えてください。
⑦そのお友だちのどんなところが好きですか。
⑧どんな時に幼稚園（保育園）の先生に誉められますか。
⑨どんな時にお母さんに叱られますか。

〈時間〉　適宜

〈解答〉　省略

［2014年度出題］

学習のポイント

行動観察の作業中に個別に呼ばれ、先生からさまざまな質問を受けます。特に難しい内容が聞かれるわけではありませんが、作業を中断して行われる形になるため、お子さまによってはうまく頭を切り替えられないかもしれません。気が散ってしまい、先生の顔を見なかったり、質問を聞き逃したり、単語の言いっぱなしで乱暴に答えたり、といったことも考えられます。ふだんから、人に話しかけられたらしっかり顔を向けて聞き、きちんとした態度と言葉遣いで答えるように指導しておきましょう。また、例年、公共の場でのルールやマナーに関する質問があります。お子さまには、なぜそのようなルールがあるのか、なぜそれがマナーとされているのかを理解させながら、望ましい振る舞いをいっしょに考えていってください。

【おすすめ問題集】
新口頭試問・個別テスト問題集

問題27　分野：口頭試問

話す　聞く

〈準備〉　なし

〈問題〉　（問題27の絵を見せる）
お友だちと遊んでいる時、先生に呼ばれて「あの子（絵の中の１人で泣いている子）を見てきて」と言われたとします。あなたならどうしますか。

〈時間〉　適宜

〈解答〉　省略

［2014年度出題］

学習のポイント

例年、この形式で、ひとりぼっちでいる子について「どんな気持ちだと思うか」「あなたならどうするか」といったことが聞かれています。絵と質問内容から、即座に質問の設定状況を想像し、答えを考えなければなりません。このような質問に答えるためには、さまざまな経験と、自分自身で考える姿勢が身に付いていることが重要となります。日常の中のさまざまな経験を、お子さまが考えるきっかけにできるように、保護者の方は意識して声かけをしてあげてください。読み聞かせの際も同様に、「主人公の○○くんはどんな気持ちだと思う？」「◇◇さんはどうしてそんなことをしたのかな？」などと聞いてみるとよいでしょう。そのような練習を重ねることにより、人の気持ちをただ察するだけでなく、積極的に想像することができるようになっていきます。

【おすすめ問題集】

新口頭試問・個別テスト問題集

問題28　分野：お話の記憶

集中　聞く　知識　公衆

〈準備〉　サインペン（赤）
あらかじめ、問題の絵を裏返しにしておく。

この問題の絵は縦に使用してください。
お話をよく聞いて後の質問に答えてください。
クマさんとキツネさんとリスさんとウサギさんが、お弁当を持って公園へ遊びに行くことにしました。待ち合わせ場所は、公園に１番近いクマさんの家の前です。クマさんが家の前で待っていると１番初めにリスさん、２番目にキツネさん、最後にウサギさんが来ました。みんなが揃ったので出発です。いろいろなお店が並んでいる商店街を通り抜けて、イヌのおまわりさんのいる交番の前を通って、信号機が付いた横断歩道を反対側に渡ると公園の入り口です。信号が青になって渡る時、リスさんは「みんなで仲良く手をつないで横に並んで渡ろうよ」、ウサギさんは「走ったら早く渡れるよ」と、キツネさんは「反対側までジャンケンゲームをしながら渡ろう」、クマさんは「遊びながら渡ると危ないよ。ちゃんと横断歩道の内側を歩こうね」と言いました。みんなはクマさんの言う通りに２人ずつ手をつないで白い線の内側を歩いて渡りました。公園につくと「すべり台で遊ぼう！」とリスさんが言いました。クマさんは「ブランコに乗りたい」と言いました。キツネさんは「みんなで、お砂場でトンネルを作ろう」と言いました。ウサギさんは「みんなで鬼ごっこをしよう」と言いました。みんな、やりたいことがバラバラです。そこでジャンケンをしてみんなのやりたいことを順番にすることにしました。初めにキツネさんが勝ったので大きな山を作ってトンネルを掘りました。２番目に勝ったのはクマさんだったので、みんなでかわりばんこにブランコに乗りました。３番目はリスさんの言ったすべり台で、最後にウサギさんが遊びたかった鬼ごっこをしました。鬼ごっこが終わる頃、みんなはお腹がすいてしまったので、公園の真ん中にある大きなイチョウの木の下でお弁当を食べることにしました。クマさんが持ってきたシートを敷いて、その上に靴を脱いで座りました。「あ～、お腹がすいた」最後に靴を脱いでシートに座ったキツネさんに「キツネさん、靴はちゃんと仲良くさせないといけないんだよ」とリスさんが注意をしました。「あっ、ごめんね」キツネさんはいそいでなおしました。それから、楽しくお喋りをしながらお弁当を食べているとウサギさんの上にヒラヒラと黄色くなったイチョウの葉っぱが落ちてきました。公園の帰りにみんなはクマさんの家に寄って少しだけ遊びました。公園で拾ってきたイチョウの葉っぱで遊んでいるとクマさんのお母さんが、四角いお皿におせんべいを４枚とアメを４個入れてジュースといっしょに持ってきてくれました。おやつを食べながらみんなは「今日はとても楽しかったね。また行こうね」と約束をしました。

①待ち合わせの場所に１番最後に来たのは誰でしたか。○をつけてください。
②横断歩道を渡る時に正しいマナーを言ったのは誰でしたか。○をつけてください。
③リスさんが遊びたかったのはどれでしょうか。○をつけてください。
④お話の中でリスさんがキツネさんに言った「仲良くさせる」とはどんなことですか。合っている絵に○をつけてください。
⑤ウサギさんの上にヒラヒラ落ちてきた葉っぱに○をつけてください。
⑥クマさんのお母さんが出してくれたおやつに○をつけてください。

〈時間〉　各10秒

〈解答〉　①右端（ウサギ）　②左端（クマさん）　③右端（すべり台）
④左から２番目（靴を揃える）　⑤右端（イチョウ）　⑥右から２番目

［2013年度出題］

学習のポイント

お話の記憶の問題はお話の中の情景を思い浮かべながら聞くと、記憶しやすくなります。また、当校では毎年マナーに関する出題がされているので、繰り返し学習していくと後で質問されそうな箇所もわかってきます。また、日頃から読み聞かせをする際は、短い質問を繰り返しながら考えを導き出し、徐々にお話の聞き取りに慣れていくと「お話の記憶の問題」に解答しやすくなるお話の聞き方が自然と身に付きます。なお、当校の場合はお話のストーリーに加えて、常識分野（マナーや季節、理科に関する知識）、数量分野（～はいくつありましたか、～をあわせていくつ持っていますか）といったストーリーとはあまり関連のない問題も出題されています。そういった質問をされるということも覚えておけば、質問されそうな場面がより、わかるようになるかもしれません。

【おすすめ問題集】

１話５分の読み聞かせお話集①②、お話の記憶 初級編・中級編・上級編、
Ｊｒ・ウォッチャー19「お話の記憶」、56「マナーとルール」

問題29　分野：口頭試問（絵を見て答える・常識）

公衆　話す

〈準備〉　なし

〈問題〉　（問題29の絵を渡して）
この絵を見てください。みんなで積み木で遊んでいますね。

①１人で遊んでいるお友だちがいますね。この子はどんな気持ちだと思いますか。お話してください。
②あなたはこの絵を見てどのように思いましたか。お話してください。

〈時間〉　適宜

〈解答〉　省略

［2013年度出題］

学習のポイント

絵を見てその状況を想像して答える問題で、１対１の口頭試問の中で出題されています。相手の立場になって物事を考えることができるか、その時に自分ならどうするか、お子さま自身の個性やふだんの様子が言葉の端々に表れます。このような問題は試験用に答えを準備することは正しい対策とは言えません。思いやりの気持ちはマナーや道徳にも繋がるので、日常生活の中で「相手を思いやる気持ち」を育てていきましょう。お話の記憶の問題に取り組み、登場人物が今どんな気持ちか想像させることで、他人の気持ちを考える練習ができます。

【おすすめ問題集】

新口頭試問・個別テスト問題集、Jr. ウォッチャー30「生活習慣」

問題30　分野：口頭試問（絵を見て答える・常識）

公衆　話す

〈準備〉　なし

〈問題〉　（問題30の図書館の絵を見せる）

①ここは何をするところですか。答えてください。
②この中でしてはいけないことは何ですか。答えてください。

〈時間〉　適宜

〈解答〉　省略

［2013年度出題］

学習のポイント

公共施設におけるマナーの問題です。実際の入試は、型通りの質問ばかりとは限らず、またマナーに関する問題は範囲が広いため、その1つひとつに用意された解答を覚えさせてもあまり意味がないでしょう。そうするよりは保護者の方々や周囲の大人たちの日頃からの行動、言動がお子さまの手本となっているという意識を持って指導にあたってください。正しい生活習慣、礼儀、公共の場でのマナー、人と話をする時の話し方や聞く時の態度など、それらがきちんと身に付くかどうかは、保護者の方がお子さまの環境をどう整えていくかに左右されます。

【おすすめ問題集】
新口頭試問・個別テスト問題集、
Jr．ウォッチャー30「生活習慣」、56「マナーとルール」

問題31　分野：口頭試問

集中　話す　聞く

〈準備〉　なし

〈問題〉　**この問題の絵はありません。**
これから私がいろいろ質問をしますから答えてください。

①あなたの名前を教えてください。
②今日は誰とどうやってここに来ましたか。
③朝ご飯は何を食べましたか。
④家で自分でやれることは何ですか。
⑤お父さんやお母さんから、どんな時に褒められますか。
⑥仲良しのお友だちは誰ですか。お友だちの名前を教えてください。
⑦お友だちのどんなところが好きですか。
⑧ふだんどんなことをして遊びますか。

〈時間〉　適宜

〈解答〉　省略

［2013年度出題］

学習のポイント

口頭試問は日常生活の様子がお子さまの答えや話し方にはっきりと表れます。家庭の中での躾、周囲の大人たちの言動がお子さまのよい手本となっているかが大切です。質問自体は難しい内容ではありません。お子さまの豊かな生活経験をそのまま話せば良いでしょう。また、答える時には相手の目をしっかりと見ながら答えること、「～です」「～ました」「わかりません」などていねいな言葉遣いや、語尾まではっきりと答えることを指導しておきましょう。学校は質問内容だけではなく、質問をきちんと聞く態度も観ています。こうしたことは一朝一夕に身に付くものではありません。付け焼き刃の暗記学習ではない継続的な指導を心がけてください。

【おすすめ問題集】
面接テスト問題集

問題32 分野：指示行動

集中 聞く

〈準 備〉 なし

〈問 題〉 **この問題の絵はありません。**
今から私がジャンケンの手の形をします。その順番をよく見て覚えておいて、私が「ハイ」と言ったら同じようにやってください。

①グー・チョキ・パー
②チョキ・チョキ・グー
③パー・グー・パー・チョキ
④チョキ・パー・グー・パー

〈時 間〉 適宜

〈解 答〉 省略

［2013年度出題］

学習のポイント

グループに分かれてパターンブロックを積んでいる時に１人ずつ先生に呼ばれ、口頭試問の一連の問題として出題されました。お子さまはさまざまな質問を受けてかなり緊張しているであろうと思われます。そんな中で次の新たな問題に入る前の軽いウォーミングアップ的な問題です。簡単な運動は脳を刺激してリフレッシュさせるので、日頃の勉強の合間にも行ってみると良いでしょう。その後の問題に、気持ちを切り替えて取り組めますし、当校で毎年行われる「作業中に別の質問を聞く問題」にも慣れることができます。

【おすすめ問題集】
新運動テスト問題集、Ｊｒ・ウォッチャー28「運動」

問題33　分野：お話の記憶

集中　聞く

〈準備〉　サインペン（赤）

〈問題〉　**この問題の絵は縦に使用してください。**
お話を聞きながら質問に答えましょう。

クマさんとキツネさんとリスさんとウサギさんが遊園地に遊びに行きました。何を最初にしたいかみんなで相談しました。クマさんは「ジェットコースターに乗ろうよ」と言いました。ウサギさんは「お化け屋敷がいい！」と言いました。リスさんは「メリーゴーランド！」キツネさんは「おなかがすいたから何か食べようよ」と言って、決まりません。そこで、じゃんけんをして決めることにしました。リスさんが勝ったので、最初はメリーゴーランドに乗ることになりました。みんなでメリーゴーランドのところに行くとお客さんがたくさん並んで順番を待っています。「こんなにたくさん、どうしよう！」「鬼ごっこをして待とうよ」とキツネさんが言いました。「横から入ろうか」とウサギさん。「ちゃんと並んだ方がいいよ」とリスさん。「場所だけとっといたら」とクマさんは言いました。メリーゴーランドに乗った後、お化け屋敷に入って、次にジェットコースターにも乗りました。そのうちだんだん空が暗くなってきました。「あれあれ」とみんなが見ていると雨がポツンポツンと降り始め、遠くで雷も鳴っています。リスさんが「空がおこっているのかな」と言いました。ひどくなる前にみんなでキツネさんのお家に行きました。キツネさんのお母さんから、おやつにそれぞれおせんべい２枚とキャンディーを６個ずつもらいました。みんなでおやつを食べながらお庭を見ていると雨がどんどんひどくなってきました。雨粒でお庭の木の枝がユサユサゆれています。ウサギさんが木を指して「あれはおいしいんだよね」と言いました。みんなはウサギさんが指さす木を見ました。木には実がたくさんなっていました。

①１番上の段を見てください。お話の中でお化け屋敷に行こうといったのは誰ですか。○をつけてください。
②次の段を見てください。メリーゴーランドのところでお客さんがたくさん並んでいた時、正しいことを言ったのは誰ですか。○をつけてください。
③その次の段を見てください。「空が怒っているのかな」とリスさんが言った時、お天気はどんなでしたか。○をつけてください。
④１番下の段を見てください。キツネさんのお庭にあった木になっていたものはどれでしょうか。○をつけてください。

〈時間〉　即答が望ましい

〈解答〉　①右端（ウサギ）　②右から２番目（リス）
③右端（雷と雨）　④左から２番目（カキ）

［2012年度出題］

学習のポイント

登場人物が多く、長いお話の時は、誰が何をしてどうなったかをよく整理して聞くことが大切です。整理しながら聞くためには、お話を言葉で覚えようとするのではなく、頭の中に情景を浮かべるようにして聞くとよいでしょう。大人が思っている以上に、最初はなかなか難しいかもしれません。短いお話から始め、途中で「誰が言ったの」「どうして」「どこへ行くの」など、お話に即した簡単な質問をいくつも繰り返しながら「記憶する」「考える」ことを習慣付けていきましょう。こういったお話の聞き方を身に付けることで、長いお話もしっかり記憶できるようになっていきます。当校では例年「お話の記憶」が出題されていますから、早めの対策を心がけましょう。④の問題は、お話の中に直接の答えがありません。「木になっている」というヒントを元に、答えを絞り込む問題になっています。

【おすすめ問題集】

1話5分の読み聞かせお話集①・②、お話の記憶 初級編・中級編・上級編、
Ｊｒ・ウォッチャー19「お話の記憶」、34「季節」、56「マナーとルール」

問題34 分野：図形（合成）

集中 考え 観察

〈準 備〉 問題34－２の絵に指定の色を塗っておく。問題34－１の絵を線に沿って切り抜き、４枚の片面を紫色、反対側の面を茶色で塗っておく。

〈問 題〉 （問題３－２のイラストをお手本として見せる）
三角形の色板を使ってお手本と同じ形を作ってください。

〈時 間〉 各15秒

〈解 答〉 省略

［2012年度出題］

学習のポイント

当校頻出の問題です。お手本を見て、色や形がどのように構成されているかを、正しく判断する力が求められます。実際の試験では表裏で色が異なりました。お手本をよく見て色の組み合わせにも気を配りましょう。日頃からタングラムなどの知育玩具を使っていると、図形に対する感覚が自然と身に付いていきます。保護者の方が、お子さまのためにオリジナルのタングラムを作成して、学習に取り入れているという例もあります。本問をスムーズに解くことができないようでしたら、そういったものを作成してみるのもおすすめです。

【おすすめ問題集】

Ｊｒ・ウォッチャー３「パズル」、９「合成」、54「図形の構成」

問題35　分野：運動

集中 聞く

〈準 備〉　なし

〈問 題〉　**この問題の絵はありません。**
私が今からするのと同じ動きをしてください。
①手を叩きながらケンケンパを2回ずつ、右足と左足を交互にしましょう。
②次は、手と足をいっしょに開いたり閉じたりします。両手を斜め上に広げましょう。いっしょに両足も開いてくださいね。はい、では、両手を下ろしてください。いっしょに足を閉じます。（4回繰り返す）
③今度は両手を胸の前でグルグルと8回まわしましょう。
④最後に両手を前に出してください。グーパーグーパーを4回繰り返します（両手を前方に突き出し、掌をグーの形にしたりパーの形にしたりを繰り返す）。

〈時 間〉　適宜

〈解 答〉　省略

［2012年度出題］

学習のポイント

本問は、教室内の壁に沿って並んだお子さま約10～20名で行われました。まずテスターがお手本を示し、その後、テスターといっしょに全員で行ったようです。テスターの指示をしっかりと聞き、お手本通りに行えるかどうかはもちろん、お手本を見る時の姿勢なども観られています。人の話を聞く時は、話す人の目を見て聞くなど、基本的な聞く姿勢をしっかり身に付けさせましょう。また、お子さまにとっては楽しい課題かもしれませんが、試験中にはしゃぎ過ぎてはいけません。ほかのお子さまの動きを妨げてしまうようなことは、大きな減点の対象となってしまいます。自分で我慢するだけではなく、ふざけたほかのお子さまの動きにも釣られないよう、日頃から教えていきましょう。

【おすすめ問題集】
Ｊｒ・ウォッチャー28「運動」

問題36　分野：口頭試問（絵を見て答える・常識）

公衆 話す

〈準 備〉　なし

〈問 題〉　（問題36の絵を見せて）
①廊下を走ってはいけないのはどうしてだと思いますか。お話してください。
②もし、あなたが廊下を走っている人を見たらどうしますか。お話してください。

〈時 間〉　適宜

〈解 答〉　省略

［2012年度出題］

本問のような問題の場合、試験用に答えを準備することは、正しい対策とは言えません。実際の入試は、型にはまった質問ばかりではありませんから、言葉の端々にお子さまのふだんの様子が表れてしまいます。また、テスターはそこを知るために、あえて質問を変えることも考えられますから、型にはまった解答を覚えさせてもあまり意味はないでしょう。大人が教えたオリジナリティに欠ける言葉よりも、お子さま自身の個性が表れるような解答が望ましいでしょう。保護者の方々や周囲の大人たちの行動が、お子さまの手本となりますから、そういった意識を持って、指導にあたってください。正しい生活習慣、礼儀、マナー、話し方などがきちんと身に付くかどうかは、保護者の方がお子さまの環境をどう整えてあげるかにかかっています。

【おすすめ問題集】
新口頭試問・個別テスト問題集、
Jr. ウォッチャー30「生活習慣」、56「マナーとルール」

問題37　分野：口頭試問

集中　聞く

〈準備〉　なし

〈問題〉　**この問題の絵はありません。**
質問に答えてください。

・今日はどうやって来ましたか。
・朝ご飯は何を食べましたか。
・幼稚園でのお友だちの名前を教えてください。
・そのお友だちのどこが好きですか。
・お家でお手伝いは何をしていますか。
・お父さん、お母さんに褒められるのはどんなことですか。
・仲のよいお友だちは誰ですか。そのお友だちのよいところは何ですか。
・幼稚園では何をして遊びますか。

〈時間〉　適宜

〈解答〉　省略

[2012年度出題]

学習のポイント

答える時には質問者の目をしっかり見ながら答えましょう。「～です」「～ました」など、ていねいな言葉遣いも大切です。口頭試問は日常の生活の様子が答えや話し方にはっきりと表れます。家庭の中での躾、周りの大人が、お子さまのよい手本となれるかどうかがとても大切です。また、「こういう質問には、こう答える」といったような定型を教え込む方法はおすすめできません。過去には「仲のよいお友だちは誰ですか。そのお友だちのよいところは何ですか」という質問に対し、「仲のよいお友だちは○○くんです。いいところはわかりません」と解答したお子さまがいたそうです。「お友だちの好きなところは」という問いかけであれば答えることができたそうですが、「いいところ」と、質問の言葉が少し違ったために答えられなくなってしまいました。定型的な受け答えは、このような事態を引き起こしてしまう可能性があります。付け焼き刃の暗記学習ではなく、お子さま自身の言葉で話すことができるような指導を行ってください。

【おすすめ書籍】
新口頭試問・個別テスト問題集、面接テスト問題集

問題38　分野：記憶（お話の記憶）

集中　聞く

〈準備〉　サインペン（赤）

〈問題〉　お話をよく聞いて後の質問に答えてください。

キツネさん、リスさん、クマくん、ウサギくんは仲良しのお友だちです。今日はクマくんの誕生日なので、みんなで海へ遊びに行くことにしました。ワクワクしながら電車に乗ると、キツネさんは席の１番端っこに静かに座りました。クマくんもその横に座りました。リスさんは、ユラユラ揺れるつり革にぶら下がって遊んでいます。そして、ウサギくんと電車の中で追いかけっこを始めました。次の駅に着くと、人がたくさん乗ってきました。クマくんは、荷物を抱えたおばあさんに「どうぞ」と言って席をゆずってあげました。
海に着くと空も海も真っ青です。たくさんの人が遊びに来ていて、砂浜で遊んだり海で泳いだりしています。みんなが水着に着替えると、クマくんが「ぼく、浮き輪で遊びたい」と言いました。リスさんは「わたしは砂のお城を作るわ」と言いました。ウサギくんは「ぼくは貝拾いをしようかな」と言いました。すると、キツネさんが「みんなでいっしょに砂のお城を作りたいなあ」と言いました。「そうだね」とウサギくんが言うと、「うん、そうしよう」とリスさん、クマくんも賛成しました。みんなは力を合わせて、砂で大きなお城を作りました。
海から帰ると、みんなでクマくんのお家に遊びに行きました。クマくんのおもちゃをいっぱい出して、みんなで遊んでいると、お母さんが「さぁ、みんなでケーキを食べましょうね」と言ってケーキを運んできました。ケーキは三角形でイチゴが４個ローソクが６本立っていました。「おもちゃを片付けてからにしましょうね」と、お母さんが言うと、クマくんは知らん顔をしています。ウサギくんは「ケーキを食べてからお片付けしようよ」と言いました。リスさんは「クマくんのおもちゃなんだからクマくんが片付けてよ」と言いました。キツネさんは「みんなで片付けてからケーキを食べようよ」と言いました。
おもちゃを片付けてから、みんなでおいしいケーキをおなかいっぱい食べました。キツネさんとリスさんとウサギくんはお家に帰ることにしました。みんなで「ごちそうさまでした」と、あいさつをして帰って行きました。クマくんが外へ出て「バイバイ、また明日遊ぼうね」と言って手を振ると、辺りはもうすっかり暗くなっていました。空は月がとてもきれいで、星がキラキラ光っていました。

（問題38-１の絵を見せて）
①１番上の段を見てください。電車の中でマナーが悪かったのは誰ですか。×をつけてください。
②真ん中の段の絵を見てください。「みんなでいっしょに砂のお城を作ろう」と言ったのは誰でしたか。○をつけてください。
③１番下の段を見てください。クマくんのおもちゃを片付ける時、１番正しいことを言っていたのは誰ですか。○をつけてください。

（問題38-２の絵を見せて）
④お母さんが持って来たケーキはどれですか。○をつけてください。
⑤クマくんが空を見た時、見えたのはどれだと思いますか。○をつけてください。

〈時間〉　即答が望ましい

〈解答〉　①左から２番目、右端（リス、ウサギ）　②左端（キツネ）
③左端（キツネ）　④右端　⑤左から２番目、右から２番目（星と月）

［2011年度出題］

学習のポイント

単に、お話を細かく記憶するのではなく「お話のあらすじを整理しながら聞く」「覚えておくべきポイントをおさえる」ことが大切です。当校の「お話の記憶」の出題で問われていることは、近年それほど変化がありません。このことから、当校がお子さまに求めていることについても一貫していると考えることができます。登場する動物たちが、どこかへ遊びに行くという大筋の中に、お友だちに対する優しさや、公共のマナーなどについての要素が含まれます。このような傾向を踏まえて、冒頭に記載した点に留意し、当校入試の対策を立ててください。

【おすすめ問題集】

1話5分の読み聞かせお話集①・②、お話の記憶 初級編・中級編・上級編、
Jr・ウォッチャー19「お話の記憶」、56「マナーとルール」

問題39 分野：巧緻性（運筆）

集中

〈準 備〉 サインペン（赤）

〈問 題〉 ☆の印のところから、黒い線にぶつからないように線を引きましょう。

〈時 間〉 1分

〈解 答〉 省略

［2010年度出題］

学習のポイント

きれいに早く仕上げるためには、「書く」ための準備ができていなければなりません。練習を積み重ねると筆圧も一定になって、線も安定してきます。まずは、さまざまな形状の線を用意して、学習前の運筆練習として取り入れてみましょう。また、鉛筆、クーピーペン、クレヨン、サインペンなど、それぞれきれいに書ける筆圧が異なります。特に当校で使用するサインペンなどは、ほかのものと違い、弱めに書かなければペン先が潰れてきれいに書けません。微妙な力加減は、幼児期にはなかなか難しいですが、手先を鍛えることは、頭を鍛えることにもつながります。さまざまな筆記用具を試してみましょう。

【おすすめ問題集】

Jr. ウォッチャー1「点・線図形」、51「運筆①」、52「運筆②」

問題40　分野：巧緻性（運筆）

集中　聞く

〈準備〉　サインペン（赤）

〈問題〉　イチョウの葉の形があります。線と線の間を、イチョウの葉の形になるように線を引いてください。その時、書いてある２本の線に重ならないようにしてください。

〈時間〉　20秒

〈解答〉　省略

[2009年度出題]

学習のポイント

線を引く際には、筆記用具を正しく持っているかを確かめてください。書いて行く先が手の下に隠れて見えなければ、思う通りの線がなかなか書けません。いろいろな形を書き、練習をさせてください。この問題は直線と曲線が組み合わさった問題です。こうした形はただ線を引くだけでなく、直線から曲線、逆に曲線から直線へ切り替わる時に、カーブを描かず角を付けることが大切です。慣れれば線対称を描く運筆の問題などにも応用できますので、ぜひいろいろな問題に取り組んでみてください。

【おすすめ問題集】

Jr．ウォッチャー１「点・線図形」、51「運筆①」、52「運筆②」

東京学芸大学附属世田谷小学校　専用注文書

年　月　日

合格のための問題集ベスト・セレクション

＊入試頻出分野ベスト３

1st お話の記憶 — 集中力 / 聞く力

2nd 常　識 — 知　識 / 公　共

3rd 口頭試問 — 聞く力 / 話す力

ペーパーテスト・口頭試問ではマナー・常識に関する出題がされています。年齢相応のマナー・常識は身に付けておきましょう。図形、巧緻性の問題も学力の基礎があれば解ける問題です。基礎レベルなので、どのお子さまも解答してきます。１つひとつの問題を間違えないように集中していきましょう。

分野	書　名	価格(税抜)	注文
図形	Ｊｒ・ウォッチャー１「点・線図形」	1,500円	冊
図形	Ｊｒ・ウォッチャー３「パズル」	1,500円	冊
図形	Ｊｒ・ウォッチャー９「合成」	1,500円	冊
記憶	Ｊｒ・ウォッチャー19「お話の記憶」	1,500円	冊
巧緻性	Ｊｒ・ウォッチャー25「生活巧緻性」	1,500円	冊
常識	Ｊｒ・ウォッチャー27「理科」	1,500円	冊
運動	Ｊｒ・ウォッチャー28「運動」	1,500円	冊
行動観察	Ｊｒ・ウォッチャー29「行動観察」	1,500円	冊
常識	Ｊｒ・ウォッチャー30「生活習慣」	1,500円	冊
常識	Ｊｒ・ウォッチャー34「季節」	1,500円	冊
巧緻性	Ｊｒ・ウォッチャー51「運筆①」	1,500円	冊
巧緻性	Ｊｒ・ウォッチャー52「運筆②」	1,500円	冊
図形	Ｊｒ・ウォッチャー54「図形の構成」	1,500円	冊
常識	Ｊｒ・ウォッチャー55「理科②」	1,500円	冊

分野	書　名	価格(税抜)	注文
常識	Ｊｒ・ウォッチャー56「マナーとルール」	1,500円	冊
	実践 ゆびさきトレーニング①②③	2,500円	各　冊
	面接テスト問題集	2,000円	冊
	１話５分の読み聞かせお話集①②	1,800円	各　冊
	お話の記憶 初級編	2,600円	冊
	お話の記憶 中級編・上級編	2,000円	各　冊
	新 個別テスト・口頭試問問題集	2,500円	冊
	新 運動テスト問題集	2,200円	冊

合計	冊	円

(フリガナ) 氏　名	電　話 ＦＡＸ E-mail
住　所　〒　　ー	以前にご注文されたことはございますか。 有　・　無

★お近くの書店、または記載の電話・FAX・ホームページにてご注文をお受けしております。
電話：03-5261-8951　FAX：03-5261-8953　代金は書籍合計金額＋送料がかかります。
※なお、落丁・乱丁以外の理由による商品の返品・交換には応じかねます。

★ご記入頂いた個人に関する情報は、当社にて厳重に管理致します。なお、ご購入の商品発送の他に、当社発行の書籍案内、書籍に関する調査に使用させて頂く場合がございますので、予めご了承ください。

日本学習図書株式会社
http://www.nichigaku.jp

問題 1

①

②

③

④

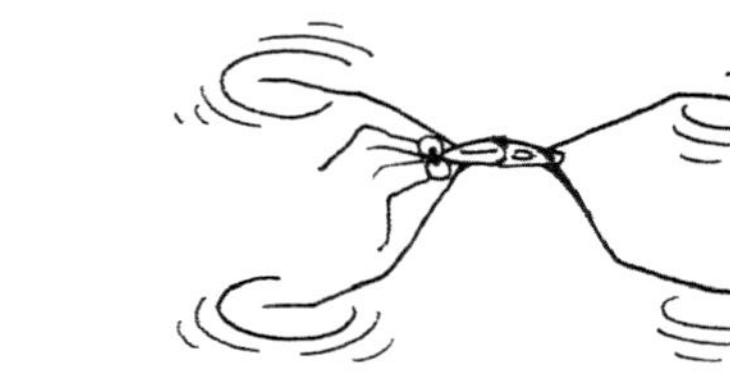

問題2

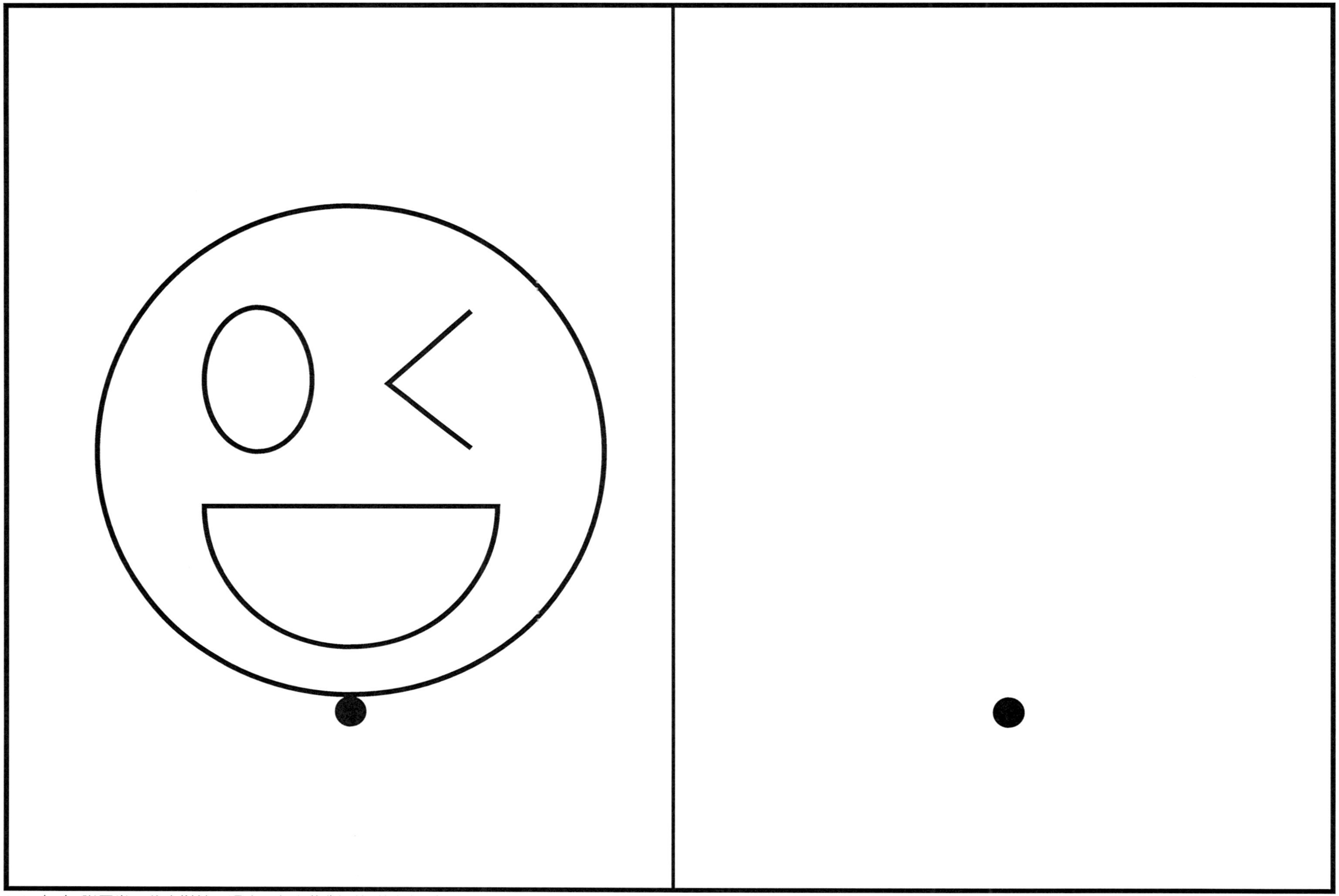

問題 3 − 1

※線に沿って切り抜き、片面を赤色、
反対側の面を黄色で塗る。

※線に沿って切り抜き、片面を青色、
反対側の面を緑色で塗る。

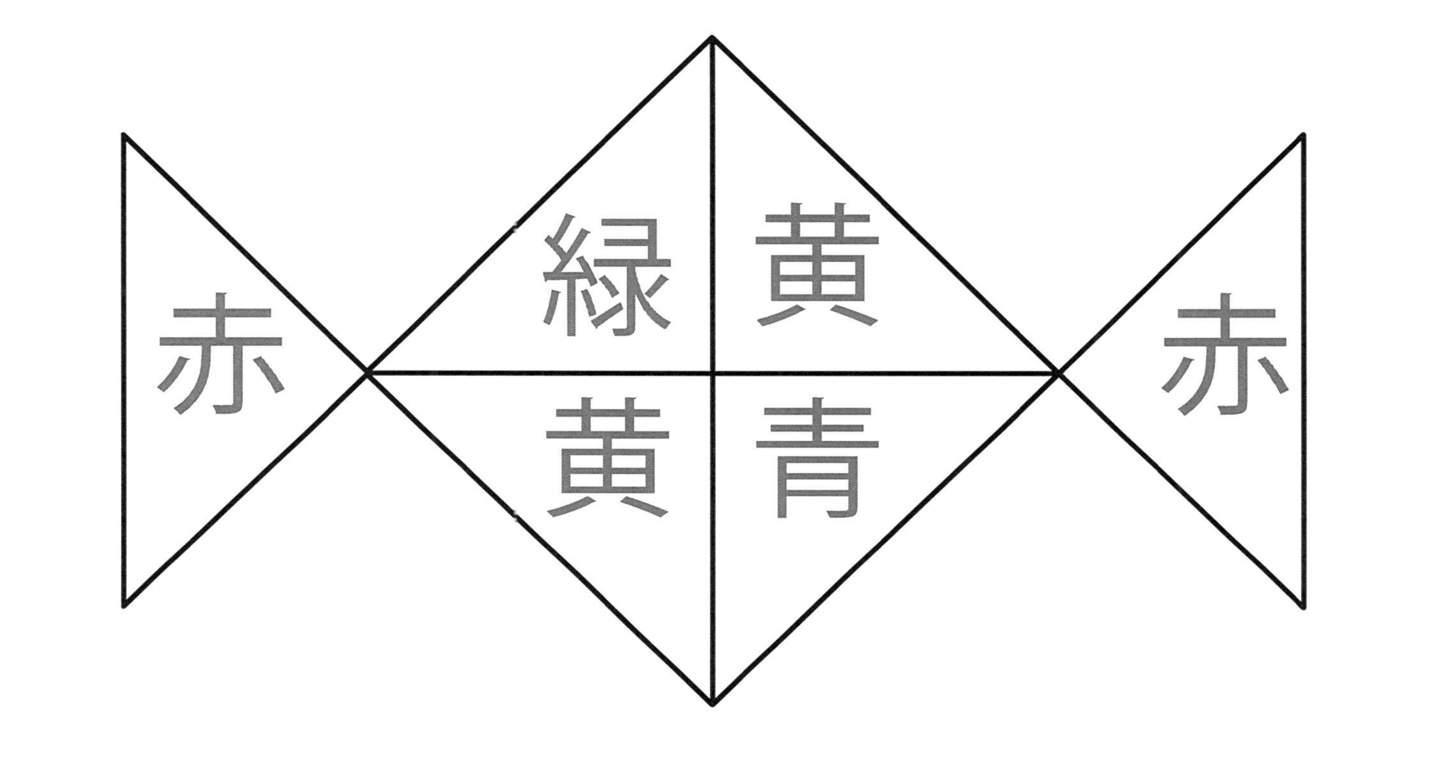

日本学習図書株式会社

問題8

問題１０

問題１１

問題１２－１

※線に沿って切り抜き、片面を紫色、
反対側の面をオレンジ色で塗る。

※線に沿って切り抜き、片面を青色、
反対側の面を水色で塗る。

問題１２－２

①

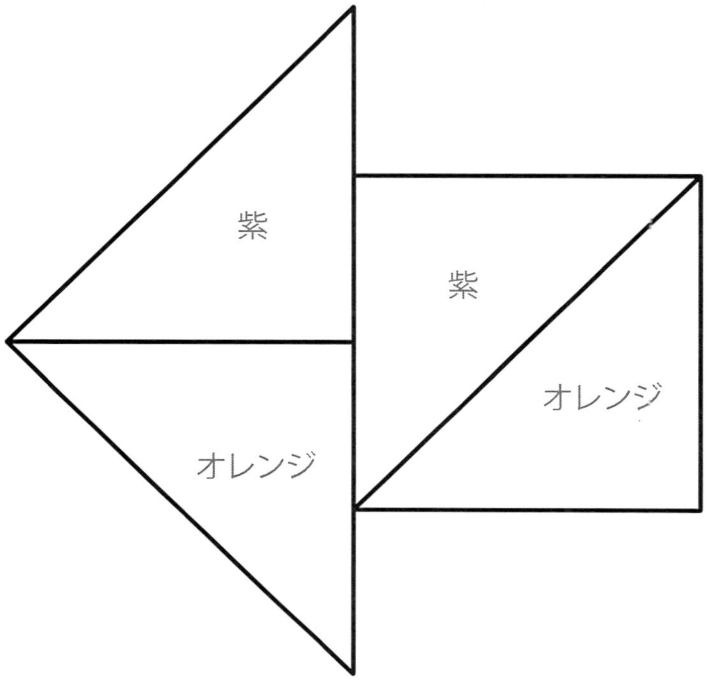

紫
紫
オレンジ
オレンジ

②

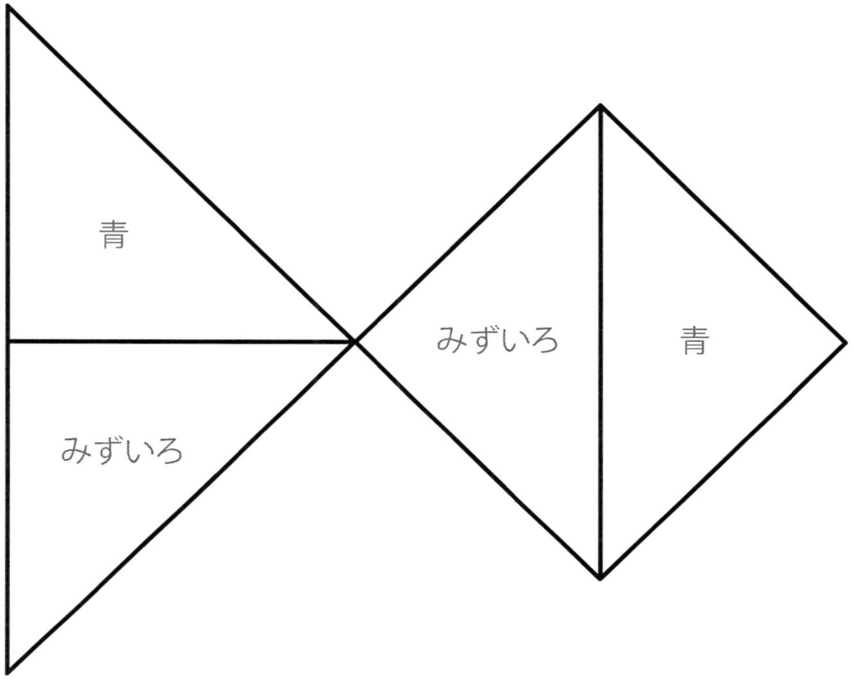

青
みずいろ
みずいろ
青

問題１３－１

日本学習図書株式会社

問題１３－２

問題１４

問題１５

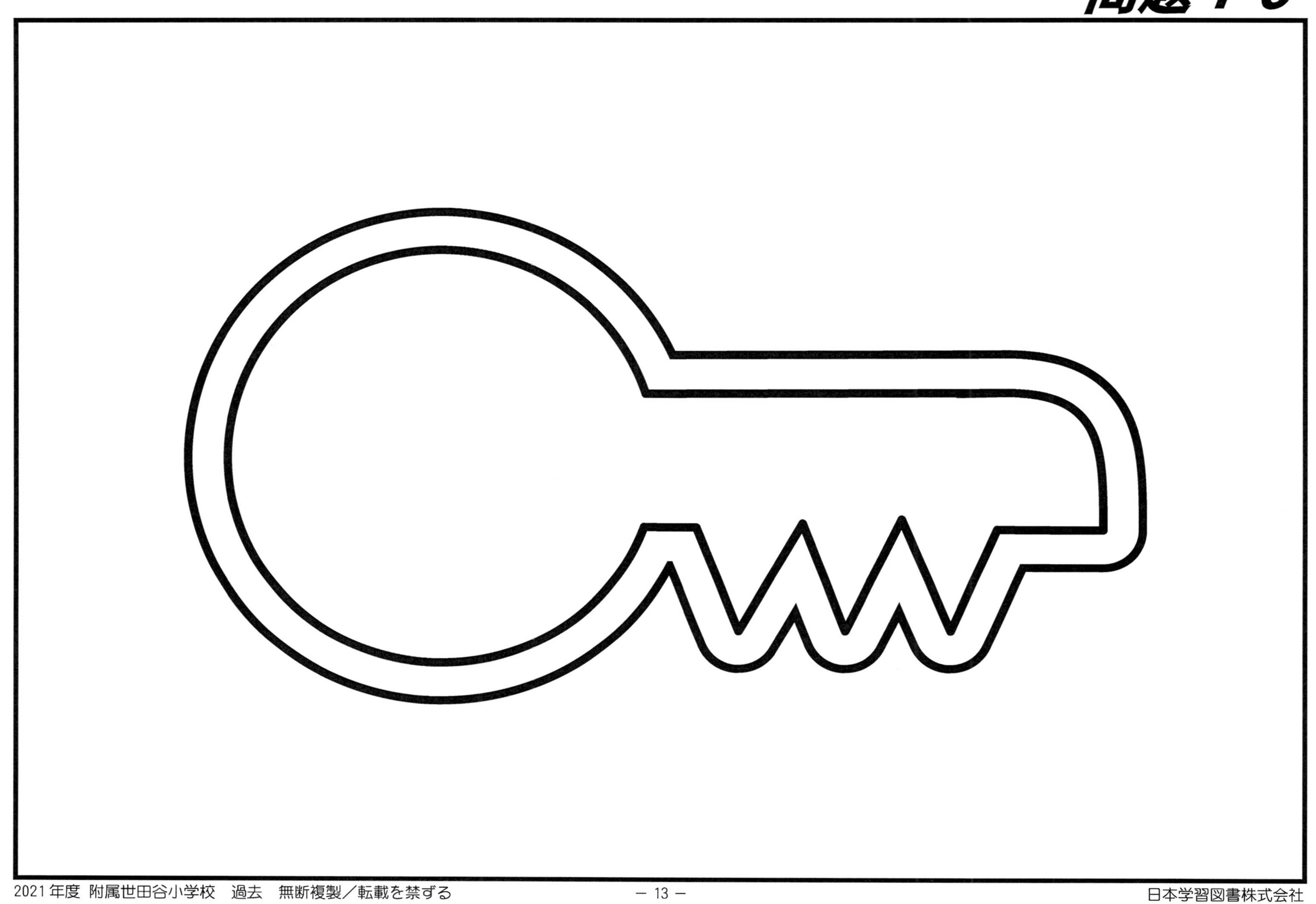

問題１６－１

MILK

問題１６－２

問題１７

問題１８

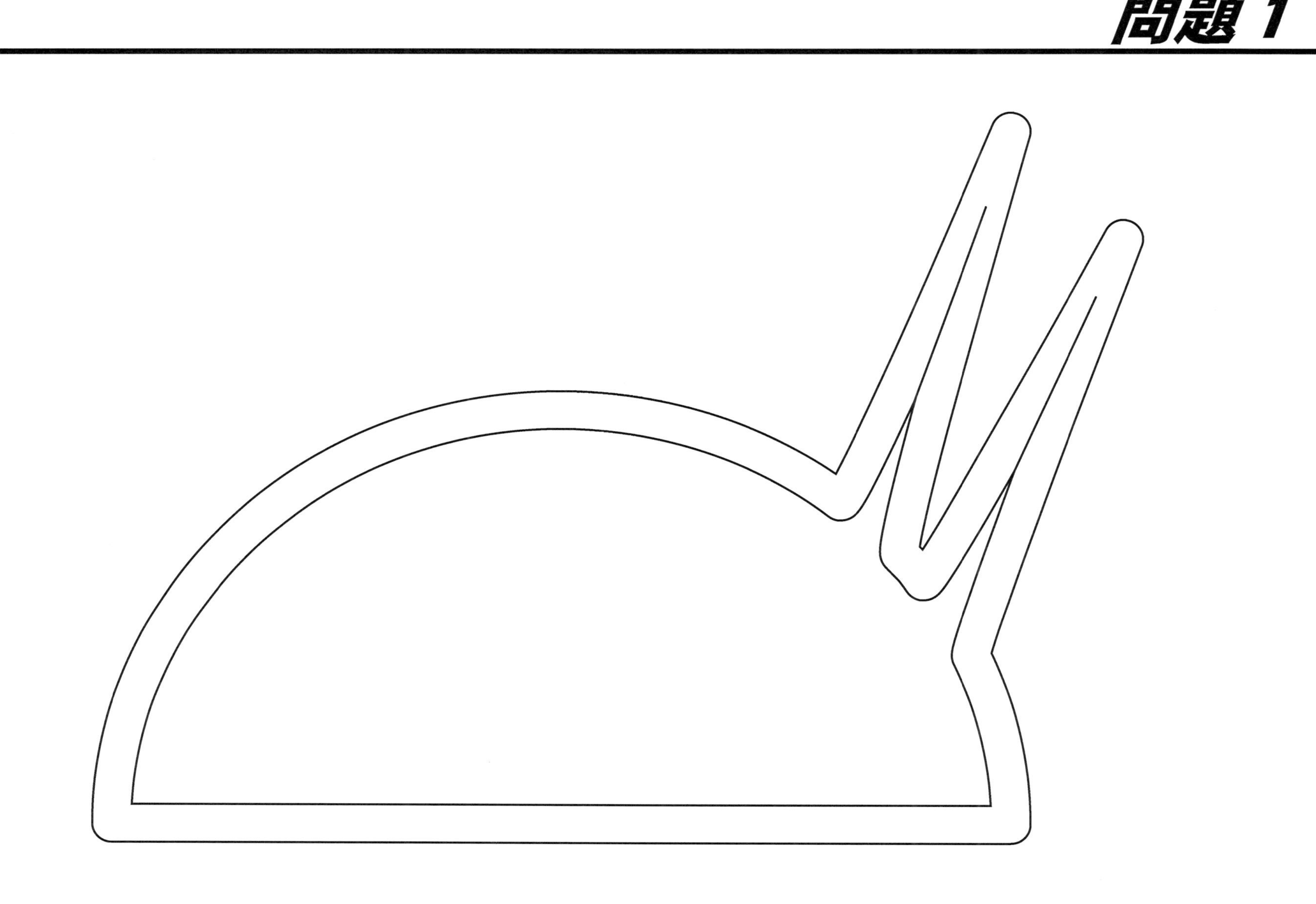

問題１９－１

線に沿って切り抜き、片面を
青色、反対側の面を水色で
塗る。

問題19－2

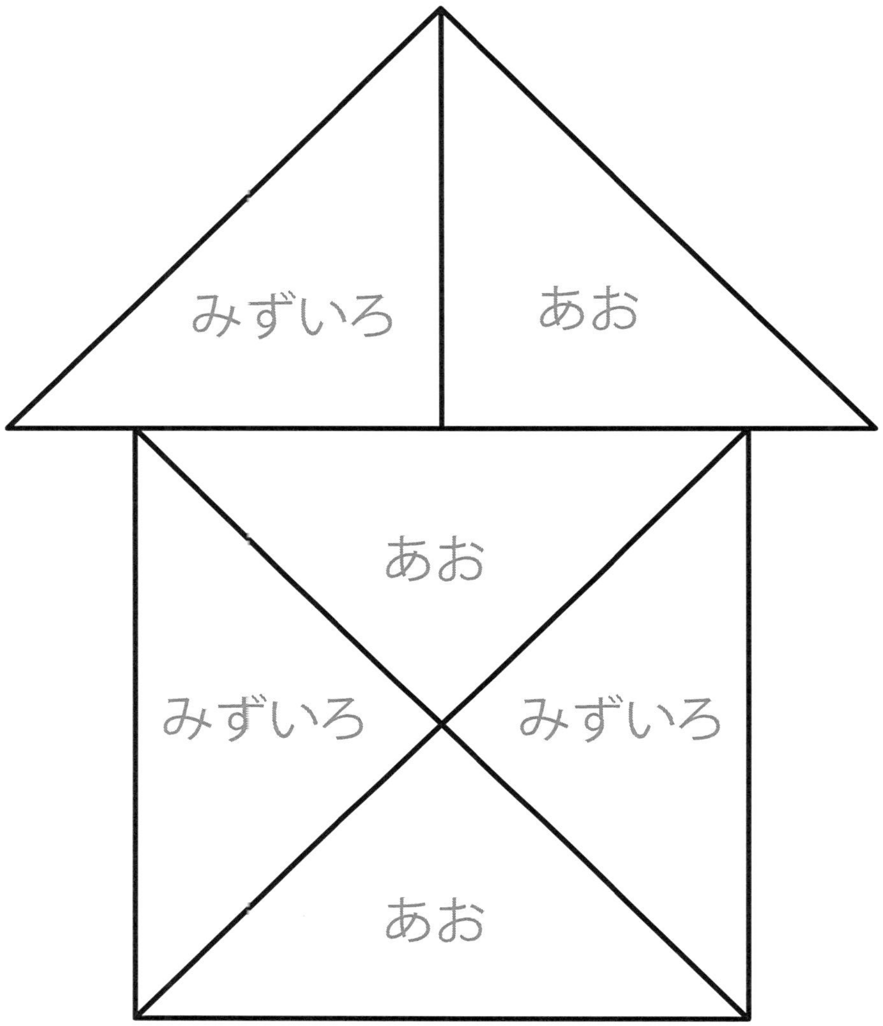

みずいろ
あお
あお
みずいろ
みずいろ
あお

問題２０

問題21

①

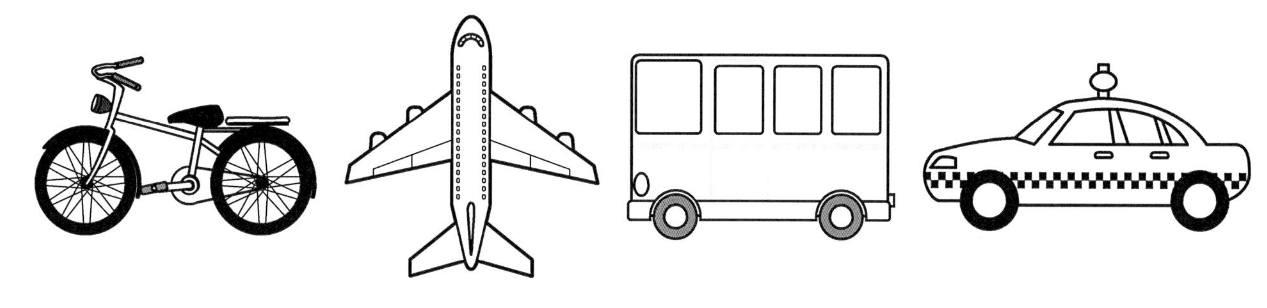

②

③

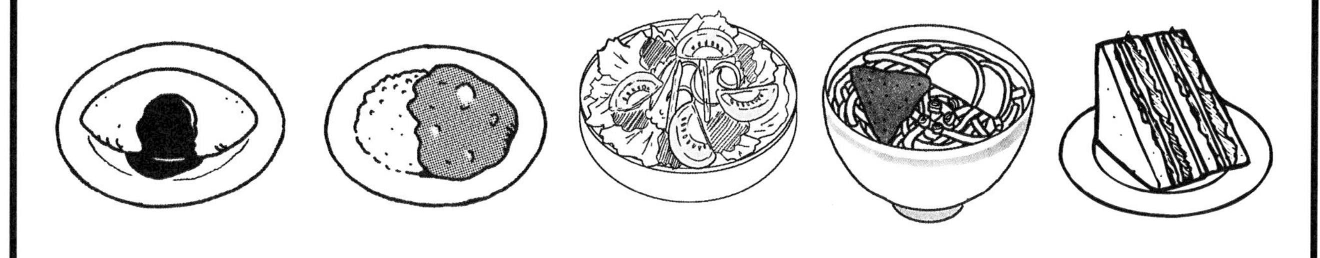

④

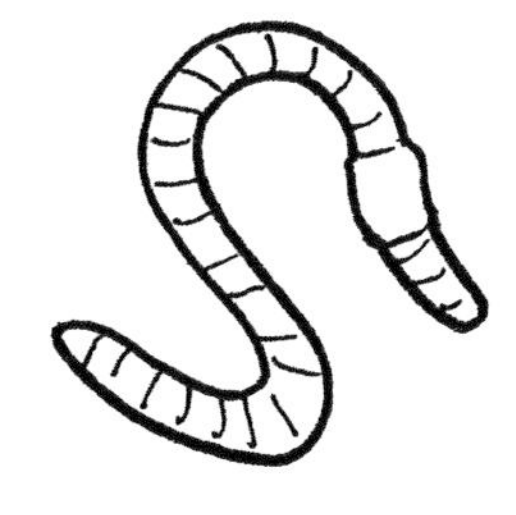

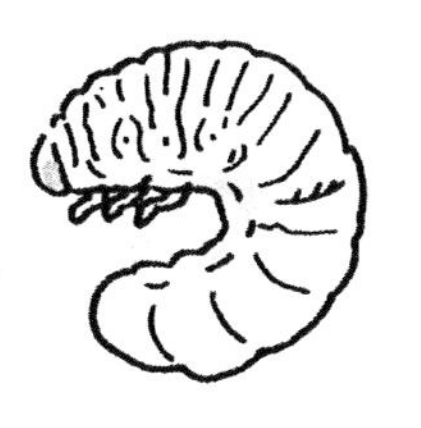

問題２３－１

問題２３－２

問題２４

①

②

③

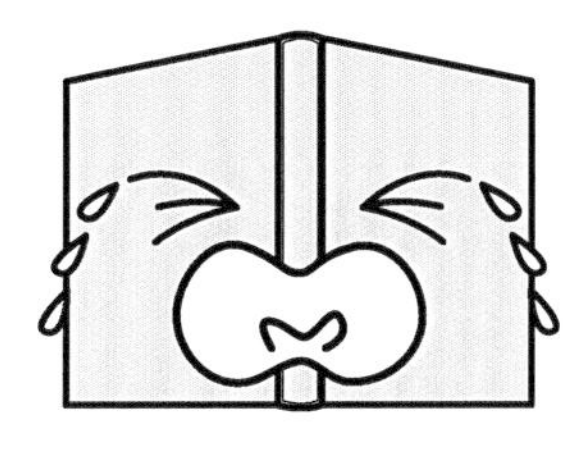

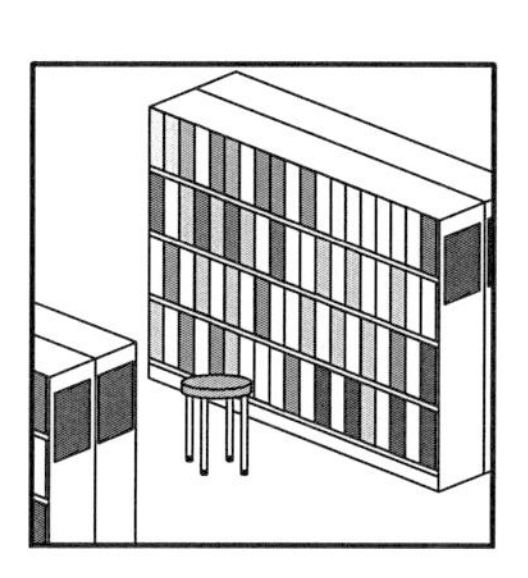

④

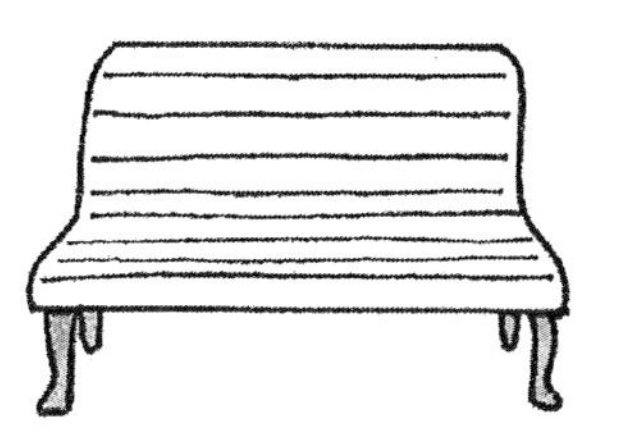

⑤

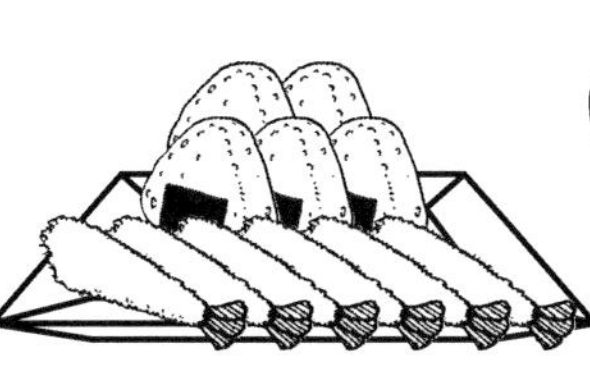
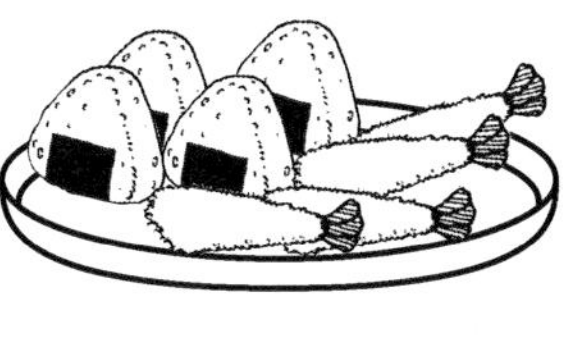

問題２５

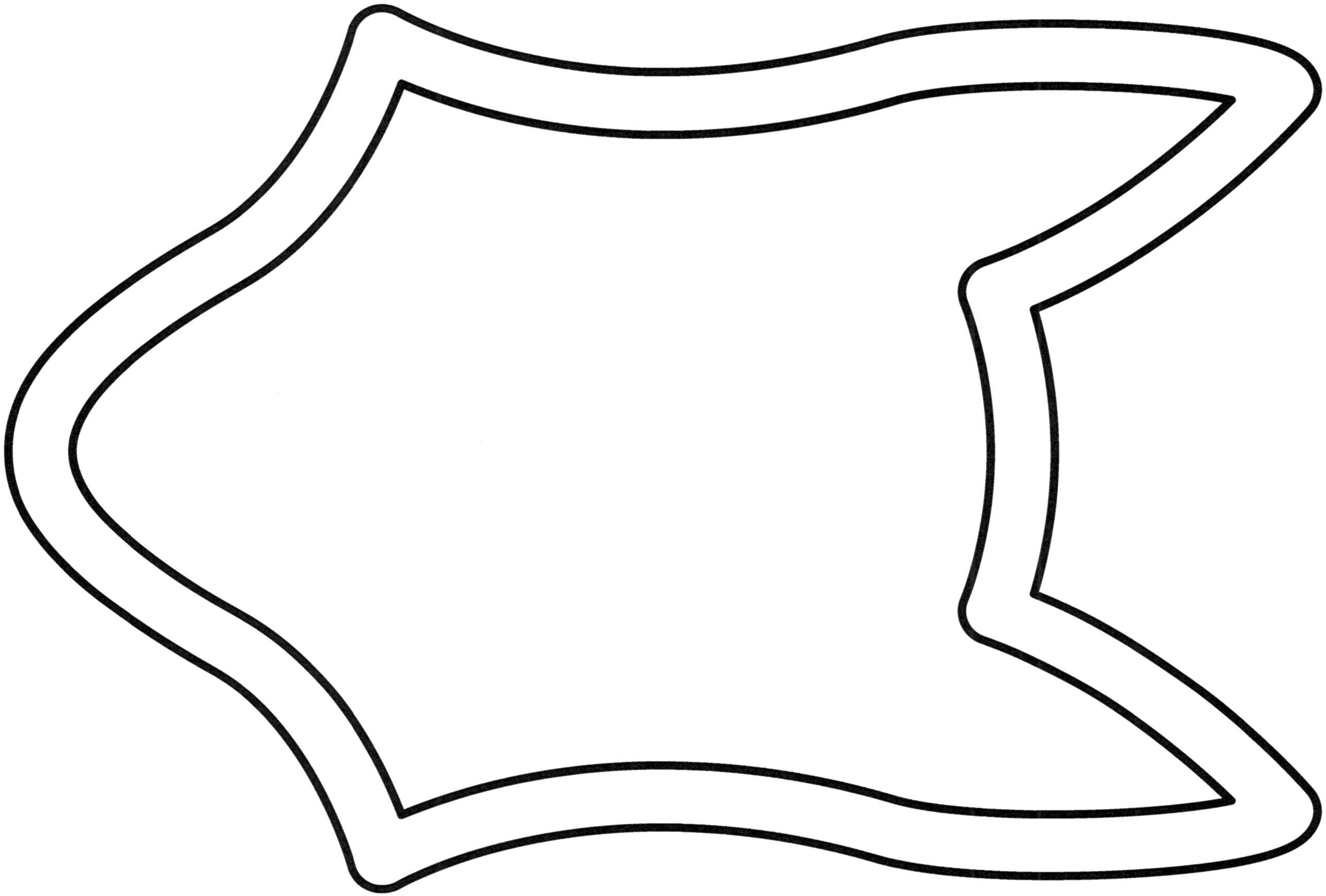

問題２７

問題28

①

②

③

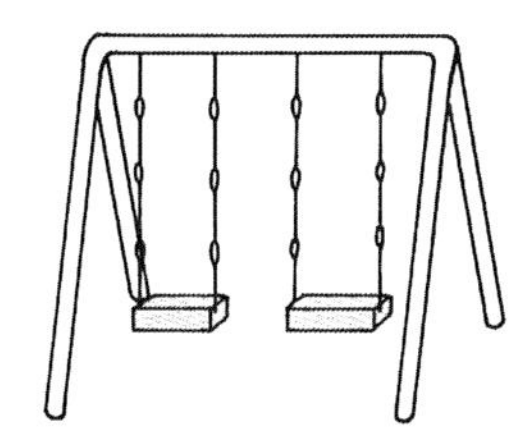   

④

 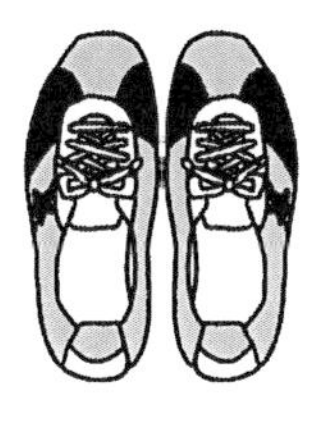 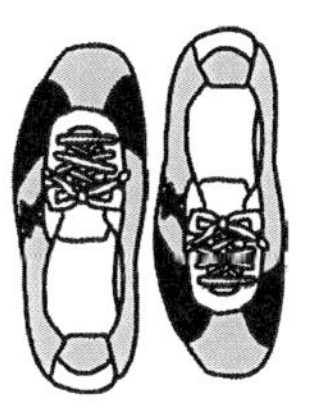 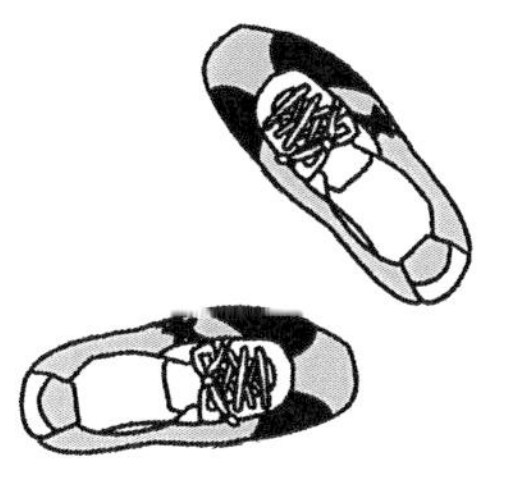

⑤

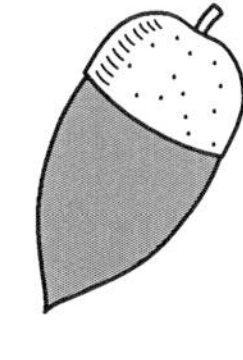  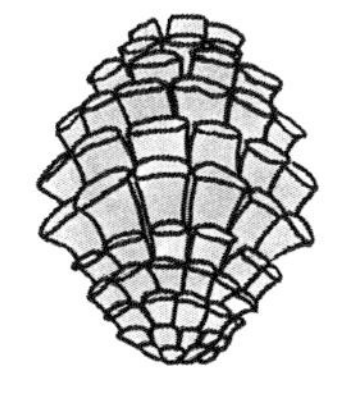  

⑥

問題２９

①

問題３０

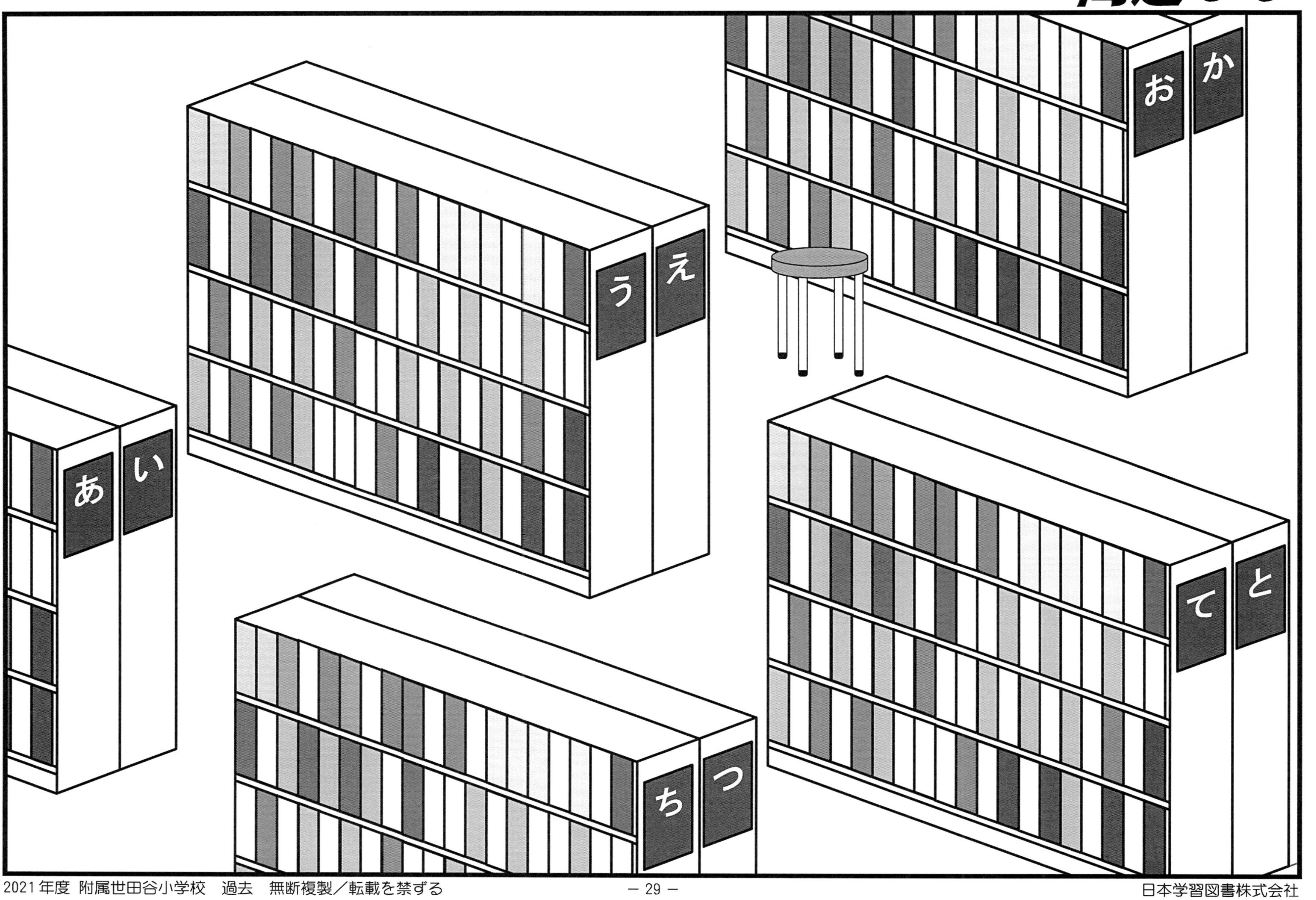

問題33

①

②

③

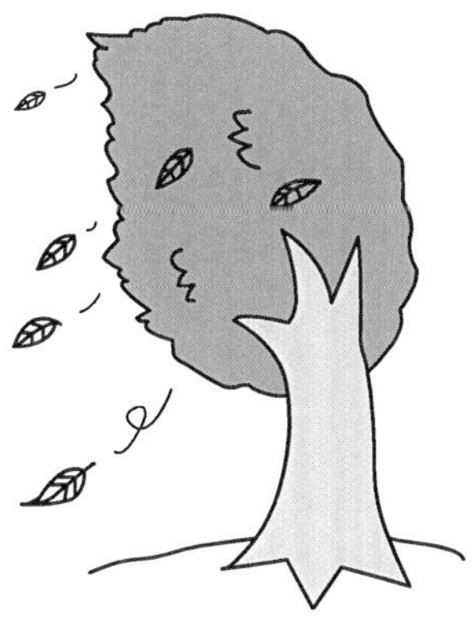

④

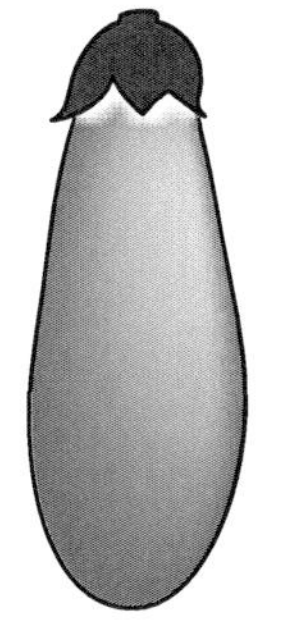

問題34－1

線に沿って切り抜き、片面を
茶色、反対側の面を紫色で
塗る。

問題３４－２

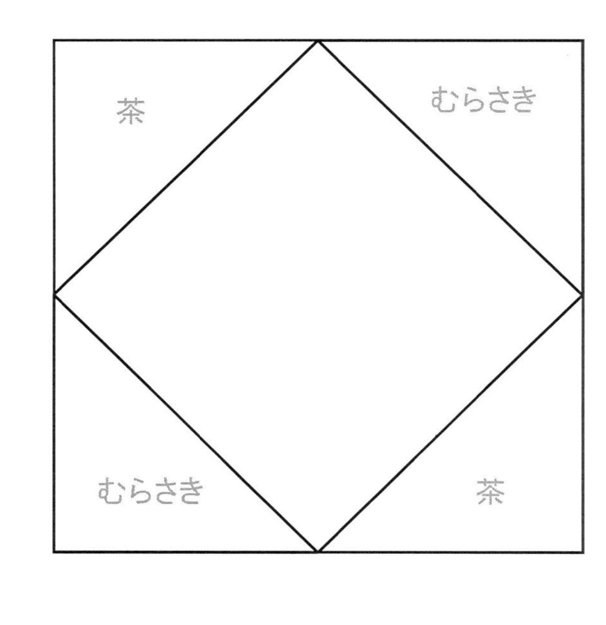

むらさき
むらさき
茶
茶

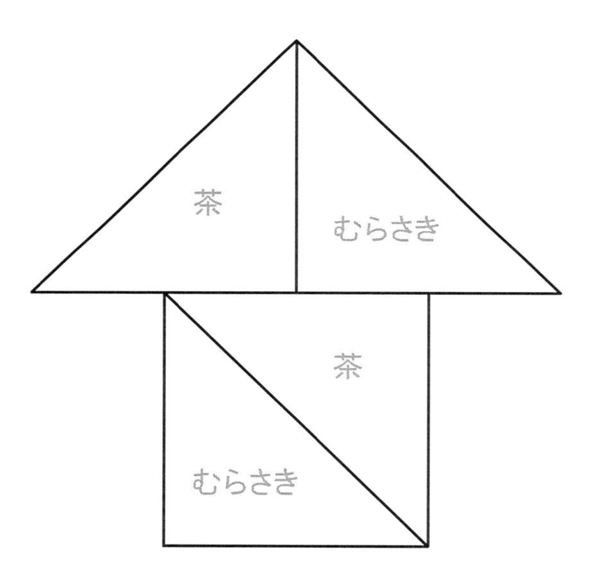

茶
むらさき
茶
むらさき

問題３６

日本学習図書株式会社

問題３８－１

①

②

③

日本学習図書株式会社

問題３８－２

④

⑤

問題３９

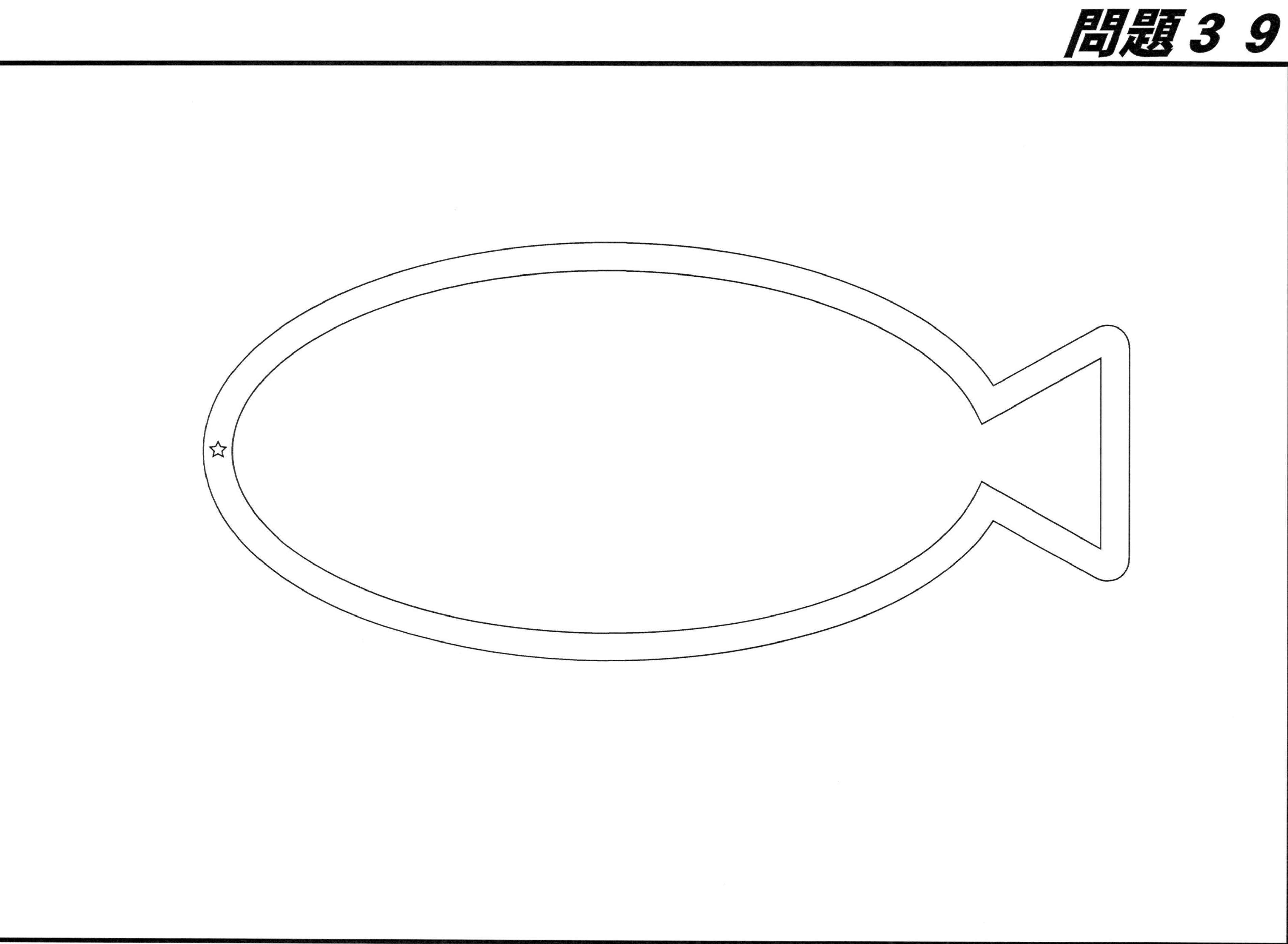

問題４０

日本学習図書株式会社

分野別 小学入試練習帳 ジュニアウォッチャー

1．点・線図形	小学校入試で出題頻度の高い『点・線図形』の模写を、難易度の低いものから段階別に幅広く練習することができるように構成。
2．座標	図形の位置模写という作業を、難易度の低いものから段階別に練習できるように構成。
3．パズル	様々なパズルの問題を難易度の低いものから段階別に練習できるように構成。
4．同図形探し	小学校入試で出題頻度の高い、同図形選びの問題を繰り返し練習できるように構成。
5．回転・展開	図形などを回転、または展開したとき、形がどのように変化するかを学習し、理解を深められるように構成。
6．系列	数、図形などの様々な系列問題を、難易度の低いものから段階別に練習できるように構成。
7．迷路	迷路の問題を繰り返し練習できるように構成。
8．対称	対称に関する問題を４つのテーマに分類し、各テーマごとに問題を段階別に練習できるように構成。
9．合成	図形の合成に関する問題を、難易度の低いものから段階別に練習できるように構成。
10．四方からの観察	もの（立体）を様々な角度から見て、どのように見えるかを推理する問題を段階別に整理し、１つの形式で複数の問題を練習できるように構成。
11．いろいろな仲間	ものや動物、植物の共通点を見つけ、分類していく問題を中心に構成。
12．日常生活	日常生活における様々な問題を６つのテーマに分類し、各テーマごとに一つの問題形式で複数の問題を練習できるように構成。
13．時間の流れ	『時間』に着目し、様々なものごとは、時間が経過するとどのように変化するのかということを学習し、理解できるように構成。
14．数える	様々なものを『数える』ことから、数の多少の判定やかけ算、わり算の基礎までを練習できるように構成。
15．比較	比較に関する問題を５つのテーマ（数、高さ、長さ、量、重さ）に分類し、各テーマごとに問題を段階別に練習できるように構成。
16．積み木	数える対象を積み木に限定した問題集。
17．言葉の音遊び	言葉の音に関する問題を５つのテーマに分類し、各テーマごとに問題を段階別に練習できるように構成。
18．いろいろな言葉	表現力をより豊かにするいろいろな言葉として、擬態語や擬声語、同音異義語、反意語、数詞を取り上げた問題集。
19．お話の記憶	お話を聴いてその内容を記憶、理解し、設問に答える形式の問題集。
20．見る記憶・聴く記憶	「見て憶える」「聴いて憶える」という『記憶』分野に特化した問題集。
21．お話作り	いくつかの絵を元にしてお話を作る練習をして、想像力を養うことができるように構成。
22．想像画	描かれてある形や景色に好きな絵を描くことにより、想像力を養うことができるように構成。
23．切る・貼る・塗る	小学校入試で出題頻度の高い、はさみやのりなどを用いた巧緻性の問題を繰り返し練習できるように構成。
24・絵画	小学校入試で出題頻度の高い、お絵かきやぬり絵などクレヨンやクーピーペンを用いた巧緻性の問題を繰り返し練習できるように構成。
25．生活巧緻性	小学校入試で出題頻度の高い日常生活の様々な場面における巧緻性の問題集。
26．文字・数字	ひらがなの清音、濁音、拗音、拗長音、促音と１～20までの数字に焦点を絞り、練習できるように構成。
27．理科	小学校入試で出題頻度が高くなりつつある理科の問題を集めた問題集。
28．運動	出題頻度の高い運動問題を種目別に分けて構成。
29．行動観察	項目ごとに問題提起をし、「このような時はどうか、あるいはどう対処するのか」の観点から問いかける形式の問題集。
30．生活習慣	学校から家庭に提起された問題と思って、一問一問絵を見ながら話し合い、考える形式の問題集。
31．推理思考	数、量、言語、常識（含理科、一般）など、諸々のジャンルから問題を構成し、近年の小学校入試問題傾向に沿って構成。
32．ブラックボックス	箱や筒の中を通ると、どのようなお約束でどのように変化するかを推理・思考する問題集。
33．シーソー	重さの違うものをシーソーに乗せた時どちらに傾くのか、またどうすればシーソーは釣り合うのかを思考する基礎的な問題集。
34．季節	様々な行事や植物などを季節別に分類できるように知識をつける問題集。
35．重ね図形	小学校入試で頻繁に出題されている「図形を重ね合わせてできる形」についての問題を集めました。
36．同数発見	様々な物を数え「同じ数」を発見し、数の多少の判断や数の認識の基礎を学べるように構成した問題集。
37．選んで数える	数の学習の基本となる、いろいろなものの数を正しく数える学習を行う問題集。
38．たし算・ひき算１	数字を使わず、たし算とひき算の基礎を身につけるための問題集。
39．たし算・ひき算２	数字を使わず、たし算とひき算の基礎を身につけるための問題集。
40．数を分ける	数を等しく分ける問題です。等しく分けたときに余りが出るものもあります。
41．数の構成	ある数がどのような数で構成されているか学んでいきます。
42．一対多の対応	一対一の対応から、一対多の対応まで、かけ算の考え方の基礎学習を行います。
43．数のやりとり	あげたり、もらったり、数の変化をしっかりと学びます。
44．見えない数	指定された条件から数を導き出します。
45．図形分割	図形の分割に関する問題集。パズルや合成の分野にも通じる様々な問題を集めました。
46．回転図形	「回転図形」に関する問題集。やさしい問題から始め、いくつかの代表的なパターンから、段階を踏んで学習できるよう編集されています。
47．座標の移動	「マス目の指示通りに移動する問題」と「指示された数だけ移動する問題」を収録。
48．鏡図形	鏡で左右反転させた時の見え方を考えます。平面図形から立体図形、文字、絵まで。
49．しりとり	すべての学習の基礎となる「言葉」を学ぶこと、特に「語彙」を増やすことに重点をおき、さまざまなタイプの「しりとり」問題を集めました。
50．観覧車	観覧車やメリーゴーラウンドなどを舞台にした「回転系列」の問題集。「推理思考」分野の問題ですが、要素として「図形」や「数量」も含みます。
51．運筆①	鉛筆の持ち方を学び、点線なぞり、お手本を見ながらの模写で、線を引く練習をします。
52．運筆②	運筆①からさらに発展し、「欠所補完」や「迷路」などを楽しみながら、より複雑な鉛筆運びを習得することを目指します。
53．四方からの観察 積み木編	積み木を使用した「四方からの観察」に関する問題を練習できるように構成。
54．図形の構成	見本の図形がどのような部分によって形づくられているかを考えます。
55．理科②	理科的知識に関する問題を集中して練習する「常識」分野の問題集。
56．マナーとルール	道路や駅、公共の場でのマナー、安全や衛生に関する常識を学べるように構成。
57．置き換え	さまざまな具体的・抽象的事象を記号で表す「置き換え」の問題を扱います。
58．比較②	長さ・高さ・体積・数などを数学的な知識を使わず、論理的に推測する「比較」の問題を練習できるように構成。
59．欠所補完	線と線のつながり、欠けた絵に当てはまるものなどを求める「欠所補完」に取り組める問題集です。
60．言葉の音（おん）	しりとり、決まった順番の音をつなげるなど、「言葉の音」に関する問題に取り組める練習問題集です。

図書カード 1000 円分プレゼント

ご記入日　　年　月　日

☆国・私立小学校受験アンケート☆

※可能な範囲でご記入下さい。選択肢は○で囲んで下さい。

〈小学校名〉＿＿＿＿＿＿＿＿　〈お子さまの性別〉男・女　〈誕生月〉＿＿月

〈その他の受験校〉（複数回答可）＿＿＿＿＿＿＿＿

〈受験日〉①：＿＿月＿＿日〈時間〉＿＿時＿＿分～＿＿時＿＿分

②：＿＿月＿＿日〈時間〉＿＿時＿＿分～＿＿時＿＿分

〈受験者数〉男女計＿＿名（男子＿＿名　女子＿＿名）

〈お子さまの服装〉＿＿＿＿＿＿＿＿

〈入試全体の流れ〉（記入例）準備体操→行動観察→ペーパーテスト

＿＿＿＿＿＿＿＿

Eメールによる情報提供

日本学習図書では、Eメールでも入試情報を募集しております。

下記のアドレスに、アンケートの内容をご入力の上、メールをお送り下さい。

ojuken@nichigaku.jp

●行動観察　（例）好きなおもちゃで遊ぶ・グループで協力するゲームなど

〈実施日〉＿＿月＿＿日〈時間〉＿＿時＿＿分～＿＿時＿＿分〈着替え〉□有　□無

〈出題方法〉□肉声　□録音　□その他（　　　）〈お手本〉□有　□無

〈試験形態〉□個別　□集団（　　人程度）

〈会場図〉

〈内容〉

□自由遊び

＿＿＿＿＿＿＿＿

□グループ活動

＿＿＿＿＿＿＿＿

□その他

＿＿＿＿＿＿＿＿

●運動テスト（有・無）　（例）跳び箱・チームでの競争など

〈実施日〉＿＿月＿＿日〈時間〉＿＿時＿＿分～＿＿時＿＿分〈着替え〉□有　□無

〈出題方法〉□肉声　□録音　□その他（　　　）〈お手本〉□有　□無

〈試験形態〉□個別　□集団（　　人程度）

〈会場図〉

〈内容〉

□サーキット運動

□走り　□跳び箱　□平均台　□ゴム跳び

□マット運動　□ボール運動　□なわ跳び

□クマ歩き

□グループ活動＿＿＿＿＿＿＿＿

□その他＿＿＿＿＿＿＿＿

●知能テスト・口頭試問

〈実施日〉 ＿＿月＿＿日 〈時間〉 ＿＿時＿＿分 ～ ＿＿時＿＿分 〈お手本〉□有 □無

〈出題方法〉 □肉声 □録音 □その他（　　　　　） 〈問題数〉 ＿＿枚 ＿＿問

分野	方法	内容	詳細・イラスト
（例） お話の記憶	☑筆記 □口頭	動物たちが待ち合わせをする話	（あらすじ） 動物たちが待ち合わせをした。最初にウサギさんが来た。次にイヌくんが、その次にネコさんが来た。最後にタヌキくんが来た。 （問題・イラスト） ３番目に来た動物は誰か
お話の記憶	□筆記 □口頭		（あらすじ） （問題・イラスト）
図形	□筆記 □口頭		
言語	□筆記 □口頭		
常識	□筆記 □口頭		
数量	□筆記 □口頭		
推理	□筆記 □口頭		
その他	□筆記 □口頭		

●制作　（例）ぬり絵・お絵かき・工作遊びなど

〈実施日〉　月　日〈時間〉　時　分　～　時　分

〈出題方法〉 □肉声 □録音 □その他（　　　）〈お手本〉□有 □無

〈試験形態〉 □個別 □集団（　　人程度）

材料・道具	制作内容
□ハサミ □のり（□つぼ □液体 □スティック） □セロハンテープ □鉛筆 □クレヨン（　色） □クーピーペン（　色） □サインペン（　色）□ □画用紙（□ A4 □ B4 □ A3 □その他：　　　） □折り紙 □新聞紙 □粘土 □その他（　　　）	□切る □貼る □塗る □ちぎる □結ぶ □描く □その他（　　　） タイトル：＿＿＿＿＿＿

●面接

〈実施日〉　月　日〈時間〉　時　分　～　時　分〈面接担当者〉　名

〈試験形態〉□志願者のみ（　）名 □保護者のみ □親子同時 □親子別々

〈質問内容〉

□志望動機　□お子さまの様子

□家庭の教育方針

□志望校についての知識・理解

□その他（　　　）

（詳　細）

・

・

・

・

※試験会場の様子をご記入下さい。

例

校長先生　教頭先生

父　子　母

出入口

●保護者作文・アンケートの提出（有・無）

〈提出日〉 □面接直前 □出願時 □志願者考査中 □その他（　　　）

〈下書き〉 □有 □無

〈アンケート内容〉

（記入例）当校を志望した理由はなんですか（150 字）

●説明会（□有　□無）〈開催日〉＿＿月＿＿日〈時間〉＿＿時＿＿分＿＿～＿＿時＿＿分

〈上履き〉 □要　□不要　〈願書配布〉 □有　□無　〈校舎見学〉 □有　□無

〈ご感想〉

●参加された学校行事（複数回答可）

公開授業〈開催日〉＿＿月＿＿日〈時間〉＿＿時＿＿分＿＿～＿＿時＿＿分

運動会など〈開催日〉＿＿月＿＿日〈時間〉＿＿時＿＿分＿＿～＿＿時＿＿分

学習発表会・音楽会など〈開催日〉＿＿月＿＿日〈時間〉＿＿時＿＿分＿＿～＿＿時＿＿分

〈ご感想〉

※是非参加したほうがよいと感じた行事について

●受験を終えてのご感想、今後受験される方へのアドバイス

※対策学習（重点的に学習しておいた方がよい分野）、当日準備しておいたほうがよい物など

＊＊＊＊＊＊＊＊＊＊＊＊　ご記入ありがとうございました　＊＊＊＊＊＊＊＊＊＊＊＊

必要事項をご記入の上、ポストにご投函ください。

なお、本アンケートの送付期限は入試終了後３ヶ月とさせていただきます。また、入試に関する情報の記入量が当社の基準に満たない場合、謝礼の送付ができないことがございます。あらかじめご了承ください。

ご住所：〒＿＿＿＿＿＿＿＿＿＿＿＿＿＿＿＿

お名前：＿＿＿＿＿＿＿＿　メール：＿＿＿＿＿＿＿＿

ＴＥＬ：＿＿＿＿＿＿＿＿　ＦＡＸ：＿＿＿＿＿＿＿＿

アンケートのご記入ありがとうございました

ご記入頂いた個人に関する情報は、当社にて厳重に管理致します。弊社の個人情報取り扱いに関する詳細は、www.nichigaku.jp/policy.php の「個人情報の取り扱い」をご覧下さい。